JN055433

元外交官が大学生に教えるロシアとウクライナ問題

――賢い文化の活用――

元在モスクワ日本大使館館員
橋本宏

琴詩社

目次

第四章 プーチンの戦争……141

プロローグ「最後の手紙」

ロシア人の流した涙

私は1964年4月から2004年9月までの40年間外務省で働いた。2004年8月、外務省最後のポストである駐オーストリア大使の任期が終わりに近づいた頃、作曲家三枝成彰氏主宰の六本木男声合唱団(通称〝六男〟。現在の六本木男声合唱団ZIG-ZAG)による、同氏作曲「レクイエム〜曽野綾子のリブレットによる」の公演がウイーンの楽友協会ホールで行われた。六男の合唱を聞いたのは、そのときが初めてだった。

これが縁で外務省退官後すぐに六男に入団し、約10年間、同氏の作曲した数々の男声合唱曲を歌った。2010年7月20日、三枝氏が六男結成10周年に向けて1年かけて作曲した男声合唱と管弦楽のための「最後の手紙〜The Last Message」が、サントリーホールで初演された。私はバリトン・パートのメンバーとしてこの曲を歌う機会に恵まれた。「最後の手紙」に入れられた14曲の1曲、1曲を歌うたびに、観客からの多様な反応がステージに立つ私たちに伝わってきた。

「最後の手紙」は、さまざまな形で第2次世界大戦に参戦し、死んでいった関係各国の兵士、パルチザン、レジスタンス、独立運動家たちが、生前に書き残した手紙や記録などを基にして三枝氏が作曲した作品だ。フランス、日本、アメリカ、ブルガリア、ポーランド、イタリア、中国、イギリス、朝鮮、ソ連、ドイツ、トルコおよび日本の順番に13の曲が作られ、それに三枝氏作曲の「チェロのためのRequiem」が付け加えられた14曲からなる大作だ。

第14曲は、チェロ独奏に続いて、合唱団が「Dona Nobis Pacem（私たちに平和をお与えください）」とラテン語および上記の国々の言葉で、歌い上げる最終曲だ（ロシア語では、ダイ・ナム・ミール）。サントリーホールは、歌う方も聴く方も、休憩なしに1時間半ほど続いた全曲演奏の長さを忘れ、共に静かに平和を願う祈りの気持ちに包まれた。

私は外務省入省後、ロシア語研修生として3年間ロシア語を学び、モスクワの日本大使館に２回勤務した。その後１９９８年から3年間、私はシンガポールに日本大使として勤務した間に、外交団仲間のロシア大使、ミハイル・ベールイ氏と知り合いになり、久しぶりにロシア語を使って親しく付き合った。

三枝氏が「最後の手紙」を作曲した頃、ベールイ氏は、在京ロシア大使になっていた。私は三枝氏に「最後の手紙」のロシア公演を提案し、２０１１年秋、三枝氏を東京・狸穴（まみあな）のロシア大使館に案内して、ベールイ大使にあいさつした。その際三枝氏はベールイ大使を２０１２年の六男「最後の手紙」公演に招待するとともに、将来ロシアで公演したいと伝えて協力を要請した。ベールイ大使は、日本専門のソ連外交官ではなかった。私がモスクワ勤務中に接触していたソ連外務省員とは異なり、洗練された西洋風の外交官で、親切だった。六男との協力を惜しまないと前向きの反応をしてくれた。また、ベールイ大使は、たまたま私が独ソ戦の始まった1941年6月22日生まれであることを知って、「貴方が『最後の手紙』を歌うことには、何か運命的なものを感じます」と述べたことを覚えている。

2012年7月の六男サントリーホール公演を聴きに来たベールイ大使は、公演後「『最後の手紙』をロシアで公演することは、日ソ両国の国民が平和を祈念する上で重要だ」と感想を述べた。しばらくして、ベールイ大使からヴォルゴグラード（旧スターリングラード）の音楽関係者を紹介する用意があるとの回答が寄せられた。

私は世話係として、六男の一人のメンバーとともに寒い冬にヴォルゴグラードを訪れ、ヴォルゴグラード州立フィルハーモニック管弦楽団やコンサートホールの関係者との間で、公演の詳細日程を詰めた。コンサートホールは大きく、ステージと観客席がかなり離れているので、六男の歌が観客の心にまで届くだろうかと少々心配になった。

2013年4月30日、大友直人指揮の下、ヴォルゴグラード・セントラル・コンサートホールで行われた六男「最後の手紙」公演は、多数の観客で埋まった。スターリングラード攻防戦は、

1942年6月28日から1943年2月2日まで繰り広げられ、ナチス・ドイツ側の死傷者は約85万人、ソ連側は約120万人に上ったと言われている。戦前約60万人を数えたスターリングラードの住民のうち、20万人程度の民間人が死亡したと言われている。

私は六男の広報担当として、現地メディアの取材を取り仕切り、「最後の手紙」の趣旨を事前によく説明しておいた。また、ヴォルゴグラード公演当日、三枝氏がステージで開会のあいさつをしたときは、ロシア語通訳の任を負った。ヴォルゴグラード市民を中心とする観客は、戦争の残酷さと平和の尊さをよくわかっていた。六男が第14曲「Dona Nobis Pacem」を歌い終えた一瞬、ホールは静寂に包まれ、やがて大拍手が沸き起こった。

ヴォルゴグラード公演には、当時大友氏が常任指揮者を務めていた群馬交響楽団のチェリスト、レオニード・グルチン氏が同行し、管弦楽団と大友氏との間の意思疎通に当たった。彼はロシア人で、長らく日本に住んで音楽活動をしていた。コンサート終了後グルチン氏は、ヴォルゴグラード・フィルハーモニック管弦楽団が難曲の「最後の手紙」演奏に四苦八苦し、ところどころ間違えていたことを詫びるとともに、心を込めて歌った六男の気持ちは観客の胸に届き、大きく共鳴したと感想を述べた。残念なことに、グルチン氏は数年前に日本で亡くなった。もしも彼がウクライナ戦争の勃発を知っていたとしたならば、どんな思いを持っただろうか。直接聞いてみたかった。彼はロシア人の素朴さを併せ持つ中堅音楽家だった。

その後六男は再び「最後の手紙」ロシア公演を企画することになり、三枝氏と私はベールイ大使の後任のミハイル・ガルージン新ロシア大使を訪問して協力を求めた。その結果、２０１５年サンクトペテルブルク交響楽団の事務局とコンタクトすることになり、私は再び世話役を務めることになった。このときは三枝氏の経営する音楽事務所のエクスパートと組んで準備に当たった。

２０１５年9月8日、サンクトペテルブルク・フィルハーモニアの本拠地のコンサートホールで、在日韓国人3世の指揮者、キム・セイキョウ（キム・ソンヒャン）の指揮の下、六男は「最後の手紙」を歌った。演奏会には、既に引退していたベールイ元駐日大使を主賓としてモスクワから招いた。公演は、２０１５〜16年音楽年度開幕日の一日前に行われた。

レニングラード包囲戦は、１９４１年9月8日から１９４４年1月27日まで続き、ソ連側の発表では、レニングラード市民63万人余が死亡した。死因の95％以上が餓死者だったとも言われ、独ソ両軍の兵士のみならず、市民の犠牲者が特に多かった。六男の「最後の手紙」公演は、サンクトペテルブルク交響楽団事務局側の意向もあり、包囲戦が始まった9月8日に定められた。公演には多くの観客が集まった。

サンクトペテルブルク・フィルハーモニアのコンサートホールは、ヴォルゴグラードの場合と異なり、ステージと観客の距離が近かった。ステージに立った三枝氏は、開会あいさつの冒頭で、ホールに集まった全員による一分間の黙とうを促した。そして三枝氏はあいさつの最後に、ベールイ大使が山村在サンクトペテルブルク日本総領事とともにコンサートに列席していることを観客に伝えた。両氏は席から立ち、手を振って観客の拍手に応えた。

私たちが歌い始めると間もなく、ハンカチで涙を拭う観客の姿が何度となくステージの上から見られた。ロシアの人たちは、レニングラード戦に思いを馳せ、また、「最後の手紙」14曲に入ったすべての国の兵士たちの姿を思い浮かべたのだろう。涙する聴衆を見た私たちも、歌いながらしばしば声を詰まらせた。全曲を歌い終わった後、何回もスタンディング・オベーションを受けた。歌う側と聴く側の気持ちが一つに合体した記念に残る演奏会だった。私は、後にも先にも、これほど感動した時間を過ごしたことがなかった。

六男が使用した部屋などの片づけを終えて、ホールの裏口から外に出たところ、10人程度の人たちが立っていた。年配のロシア人たちから温かい言葉をかけられた。また、10代の女性グループからハグされて、「とても良かった。感激した」と言われた。特に、戦争を知らない若い人たちの率直な反応を知って嬉しかった。そこには、私がモスクワ大学留学中に経験した人間的に温かいロシア人の姿が残っていた。

『人間の声』との出会い

私たちが難曲の「最後の手紙」の練習を続けていた頃、三枝氏から「最後の手紙」の趣旨について次のような説明があった。

三枝氏が東京芸術大学1年生のときに、本屋でハンス・ワルター・ベア編、高橋健二訳の『人間の声』と題する本を見つけて買った。ベアはドイツ人編集者で、第2次世界大戦の遺族に呼びかけて兵士たちが遺した手紙を送ってもらった。１９３９年から１９４５年に書かれた２万通以上が寄せられた。そして、１９６１年31か国、２０２人の手紙を『人間の声』とのタイトルで出版した。

この本は、戦場の最前線の悲惨な現実、兵士たちの切ない希望と絶望の声を生々しく読者に伝え、二度と残酷な戦争とそれによって愛する家族や恋人との絆が裂かれることのないように願うものだった。１９６２年に高橋氏の日本語訳でこの本を読んだ三枝氏は、衝撃を受け、これらの手紙をいつか音楽作品したいと強く思った。六男結成10周年がその機会となった。

コピーライター眞木準氏などが『人間の声』の中から12か国の13通を選び、三枝氏は、これに作曲し、前述のようにこれに三枝氏自身の作品を含めて全14曲の作品として「最後の手紙」を書きあげた。

第1曲はレジスタンスとして処刑されたフランス人、第2曲はフィリピンで戦没した桔梗五郎（元編集者）、第3曲は日本空襲で戦死したアメリカ兵、第4曲はパルチザンとして処刑されたブルガリアの詩人、第5曲はソ連軍の兵士として狙撃されたポーランドのユダヤ人、第6曲は落下傘兵として戦死したイタリア兵、第7曲は戦傷が原因で死亡した中国兵、第8曲は北アフリカで戦病死したイギリス兵、第9曲は朝鮮の独立運動に携わり福岡刑務所で獄死した中国生まれで朝鮮育ちの詩人、第10曲はソ連兵として戦死したウクライナの作家、第11曲はギリシャで戦死したドイツ兵、第12曲はレジスタンスとして処刑されたトルコ人、そして第13曲は戦犯としてラバウルで刑死した片山日出雄（予備学生出身海軍大尉）である。

第10曲「ソビエト」は、エヴゲニイ・ペトローヴィッチ・カターエフの遺した詩を基にした曲だ。１９０３年にオデッサ（ウクライナ語でオデーサ）で生まれ、１９４２年に戦死した。カターエフは、当時ソ連の兵士だったが、いま生きていればウクライナ軍の兵士ということになる。同氏は作家で、小説『12の椅子』は、ソ連の世相を強烈に風刺した作品だ。同じくウクライナ出身のゴーゴリの『死せる魂』を想わせるとまで言われていた。このカターエフの遺した詩は、「耐え難い、血なまぐさい一日が過ぎる。そしてまた、一日が始まる」と詠い始め、戦争が自然からすべてを奪ってしまう様子を描写し、「そして、平和の第一日に、人々は自然がどんなに美しいかを思い出すことだろう。再び」と結んでいる。

ここに13曲のすべてを紹介することは避けるが、「最後の手紙」は私たちに、命の大事さ（私が勤務したことのある沖縄で広く使われている「ぬち（命）どぅ宝」）について、深く考えさせる曲だ。

あのロシア人たちはいまどうしているだろうか。

サンクトペテルブルクのコンサートホールで涙を流したロシア人たちは、いまどうしているだろうか。観客は、第10曲「ソビエト」を聴いたところで涙を流したわけではなかった。フランスのレジスタンスとして16歳11か月で処刑されたアンリ・フェルテが、思い出の品々を母、弟、恋人に渡してほしいと書き遺した手紙の第1曲を聴いて、既にハンカチで涙を拭う人がいた。

私がモスクワ大学留学時代に会ったロシア人は粗削りで、感情の起伏が激しかったが、人間味のあふれる学生が多かった。ウクライナ戦争が始まって以来、既に100万人以上のロシア人が国外に脱出している。しかし、国民の大多数はロシアにとどまっている。もしも六本木男声合唱団ZIG-ZAGがいまモスクワで「最後の手紙」を歌ったとするならば、観客はどのように反応するだろうか。おそらく、サンクトペテルブルクのときと同様に、涙を見せる人が多くいるのではないか。もしもそこにベールイ元大使とガルージン前大使がいたならば、どのような反応を見せただろうか。ベールイ元大使は、苦し気な顔を見せたことだろう。ガルージン前大使は、横を向いたことだろう。

いまのロシアでは締めつけが厳しく、一般のロシア人は政治問題について自由な発言ができない。しかし、多くのロシアの若者たちはウクライナ戦争で命を落としていることを嘆き、一日も早く戦争が終わり、平和な日常生活が戻ってくることを望んでいることだろう。ナポレオンとの戦い、ナチス・ドイツとの戦いが示すように、ロシア人は、国の防衛には強靭な力を発揮する。一方、アフガン戦争へのロシアの介入の歴史が示すように、説得力に乏しい軍事侵攻には反対の意思表示も辞さない。1979年にアフガン軍事侵攻を行ったソ連は、1989年に全軍を撤退させた。その背景には、過酷な運命を背負った兵士たちの間に厭戦気分が広がり、また息子を戦線に送った母親が、強い反戦活動を繰り広げたことがあった。

当時の母親たちは既に高齢であろうが、ウクライナ戦争に息子たちを送っているいまの母親たちのことをどう思っているのだろうか。ロシアのメディアは、プーチン大統領が兵士たちの母親代表と懇談して、ウクライナ戦争の意義を説き、ロシアのために愛国的な行動を続ける兵士たちを称賛する姿を報道している。大切な息子たちの命が奪われた母親の悲しみについては報道されない。しかし彼女たちの本音が、いつまでも表面化しないままでいるだろうか。国民に対する説得力を欠いたウクライナ侵略戦争が長く続くならば、母親たちが疑問の声を高める時期がいずれ来るだろう。

ウクライナ戦争は長期化が予想されている。2023年10月にイスラエルとハマスとの武力衝突が起こり、プーチン大統領としては、世界の関心が分散化されている状況にホッとしているかもしれないが、私たちはこれを許してはならない。民主主義諸国の人々は、ロシア人の間に平和を願う気持ちが現れてくることに希望を持ち続けるべきだ。私は、本書を通じて、ロシア一般国民に平和を働きかける方途について、いろいろな角度から、取り上げたいと考えている。私のモスクワ在勤の経験を紹介しつつ、読者とともに、ロシア社会との絆を深める可能性を追求してみたい。

序章　なぜ外交官を目指したのか

1　子供の頃の夢

戦前の子供たちは、「末は大将か総理大臣か」と将来の夢を語っていたそうだ。いまの子供たちの夢は何なのだろう？　経済・産業・金融などの分野で大手企業の代表になることや、中央および地方の政治家や公務員になることを夢見る子供たちはかなり多いようだ。一方、日曜日の朝に放映されるＮＨＫ番組「小さな旅」では、漁業、農業、手工業、伝統工芸など父母の稼業を手伝いながら、後継者になる夢を持つ子供たちのこともよく紹介されている。

音楽、絵画、書道、文学など芸術などの分野でも、親の後ろ姿を見て、芸術家になることを夢見る子供たちが多い。また、恵まれない自分の境遇を思いつつ、将来自分と境遇の似た子供たちの世話をする職業に就きたいと願う子供たちもいる。いまの子供たちの夢は、総じて、多様化している。これは勇気づけられる傾向だ。

幼少期の私はと言えば、「少年よ、大志を抱け」といった気概を持ち、一貫性のある将来の目標を持って、日々努力を積み重ねていたわけではなかった。普通の家族生活を送りながら、ときどき将来何になろうかと思っていた程度だ。その意味で、ごく一般的な少年だった。企業人になることには関心が持てなかった。製鉄会社勤めの長兄が、人間関係に非常に神経を使っている姿を見て、自分には合わないと思った。役人になれば人に頭を下げないですむかもしれないと「不届きな」思いを持ったこともあるが、父の姿を見て、検事にはなるまいと思った。ある通信社で長らく働いた次兄は、大学3年生と4年生のときに外交官試験を受けた。3年のときには合格しなかったが4年のときに第1次試験は通った、と大変自慢をしていた。妙なことを言うものだと思った。私はこのとき、外交官試験の存在を初めて知った。

1960年4月一橋大学法学部に入学し、小平(こだいら)校舎で一般教養課程を過ごしていた2年間、私はスキー部に所属し、仲間とともに体を動かすことに喜びを見出した。また、友達に誘われて〝昔取った杵柄〟のトランペットを携え、大学生のダンス・サークルに足を運んで、ジャズを演奏して小遣い稼ぎをしたこともあった。小平校舎に通学していた間に、東京駅で乗車した湘南電車の中できれいな女子高生に偶然出会い、付文した。この咄嗟の行動が実を結び、2か月後に交際を始めた。私にとって大学生活は、青春を満喫する場だった（なお、その数年後、私はかの女子高生と結婚した）。

62年4月、国立(くにたち)校舎に移って専門課程で勉強するようになったが、しばらくの間は、部活動中心の大学生活を続けた。そのうち季節も秋から冬へと変わり、スキーシーズンが始まる頃になって、外交官になりたいとの気持ちが大きくなった。米ソ冷戦の厳しい国際環境の下で、外交官の仕事に就くことは、〝格好よく〟見えた。スキー部の先輩に休部を申し出て、にわかに試験勉強を始めた。大学受験の際の記憶が蘇り、要領よく参考書を読んだ。

その年の夏、肝試しのつもりで外交官試験（外務公務員採用上級試験）を受けた。第1次試験は、明治大学和泉キャンパス内の大きな階段教室で行われた。いかにも頭の良さそうな受験生が多くいるのを見て、却って気持ちが楽になった。たまたま私の隣の席には、後に外務省で1年先輩になる大学生が座っていた。私が、答案用紙を埋めることができず、所在ない思いをしていた折、その大学生はスラスラとペンを走らせていた。その様子を見て、妙に感心したことを覚えている。

受験勉強を開始して数か月しか経っていなかったが、なぜか第1次試験は通った。次兄が外交官試験を受けたときは、第3次試験まで行われていたそうだ。第2次試験は外務省内で行われ、面接形式だった。経済の口頭試問で、中山伊知郎一橋大学教授などそうそうたる試験官から何やら難しい質問をされ、ろくな答えもできず赤恥をかいた。当然ながら、2次試験不合格通知が郵送されてきた。そのときから1年間、私はがむしゃらに勉強した。

幸い、大学4年生のとき、試験に合格した。その後2001年に外務公務員採用上級試験は、国家公務員採用第I種試験に統合された。ちなみに、この統合に力を入れたのが、橋本龍太郎総理大臣で、私の従兄に当たる。彼は、早世した橋本龍伍元厚生大臣の後を継いで衆議院議員になり、いわゆる厚生族として研鑽を積んだ。その間に、外務省を批判的に見るようになったようだ。私の顔を見るたびに、「外務省は御殿女中の集まり」、「公館長夫人の中には出しゃばり過ぎる人もいる」、「大使公邸で日本食を食べるのは御免だ。レストランでその国の料理を楽しむことの方が重要だ」などと、乱暴な意見を何度となく言っていた。

外交官試験が国家公務員試験に統一されて20年以上経ったいま、もしも故橋本総理大臣が外務省の活動ぶりを見たならば、どのように思うだろうか。昔に比べて外務省員の質は低下したと言っただろうか。それとも、安倍晋三総理大臣が進め、始めた人事政策は強引すぎると言っただろうか。私は、外務省幹部の優秀さは今も昔も変わっていない、と思っている。

2　ソ連に対する関心

私がソ連について関心を持ち始めたのは、音楽と文学を通じてだった。日本を度々訪れてきた赤軍合唱団とドン・コサック合唱団の公演を通じて、ロシアの民族音楽・舞踊に関心を持ち、また、ＮＨＫテレビの音楽番組を通じて、ピョートル・チャイコフスキーの作品、特にバイオリン協奏曲の美しさに心を打たれた。テレビで放映されるロシアのオペラやバレーに目を輝かせた。
高校時代、世界文学全集に収められていたレフ・トルストイの『戦争と平和』を読み、祖国防衛の名の下に、多くの有能な若者たちが死んでいく有様を目に浮かべた。大学に入り、教養課程で金子幸彦社会学部教授（ロシア文学専門）の講義を受け、ロシア文学に対する関心をさらに高めた。トルストイに限らず、フョードル・ドストエフスキー、イヴァン・ツルゲーネフ、アレクサンドル・プーシキン、ニコライ・ゴーゴリ、ミハイル・ショーロホフ、ミハイル・レールモントフなどの作品を読みあさった。

こうしてロシア文学や音楽を楽しみ始めていたが、当初これらの作品を生んだロシアの歴史や背景を探求することまでは、頭が回らなかった。ゴーゴリがウクライナ生まれであり、『ターラス・ブーリバ』がウクライナのコサック隊長に関する小説だったこと、チャイコフスキーがウクライナ・コサックに出自を持っていたことなどを知ったのは、後年になってからだった。いまウクライナ戦争の関連で、ロシアとウクライナ間の文化・芸術の交流が大きな問題になっている。大学時代に、キエフ（ウクライナ語でキーウ）大公国時代以降の両国関係について、もう少し関心を持つべきだったと反省している。

私が少年期から社会人になるまでの時期、世界各地で戦争、紛争が続いていた。私自身が記憶している戦争は、朝鮮戦争、ベトナム戦争、中東戦争などのホットな戦争や、冷戦が熱戦になる一歩前まで激化したキューバ危機などだ。一方、私が高校時代に、これらの戦争の持つ意味などについて深く考えることはなかった。

一橋大学に入学して間もなく経験したのは、安保反対の学生運動だった。1960年6月15日、東大生の樺美智子さんが、デモ隊の仲間たちとともに衆議院南通用門から国会に突入し、警官隊と衝突して死亡したことをニュースで知った。学生デモの実態に関心を持ち、翌日一人で国会付近に足を運んだ。そしてデモ隊の中に入って「安保反対!」と声をあげたが、自分が場違いのところにいる感じがして、間もなくその場を立ち去った。

私の大学は、実業人を養成する商法講習所として、明治初期に誕生した。私の入学当時は、商学部と経済学部所属の学生が幅を利かせていた。彼らの多くは、卒業後は民間企業への入社を希望していた。学業に励む一方、部活動などにも積極的に従事し、青春を大いに楽しんでいた。当時激しく繰り広げられていた安保反対闘争に積極的に参加した都心の大学生たちとは、好対照だった。私は極めて保守的な家庭で育ち、大学入学後早速一橋の校風に親しみ始めていたこともあって、短時間デモに参加しただけで、絶叫する学生たちの行動に付いていく気持ちを失った。

国立（くにたち）本校の法学部に進むに当たって、国際法の大平善梧教授のゼミに入った。同教授は、右翼的な学者との評判で、学生の安保闘争参加には批判的だった。また、法学部では、細谷千博助教授の国際関係論の授業を受け、ソ連の一党独裁性に関する書物を読んだ。ユダヤ人差別など少数民族に対する差別の歴史についての知識も学んだ。

この時期私に最も大きな影響を与えたのは、1962年10月に発生したキューバ危機だった。連日のマスコミ報道に接しつつ、J・F・ケネディ大統領が軍事的対抗措置を取るのではないか、近日中に米ソ間で核戦争が始まるのではないか、とやきもきした。やがてフルシチョフ第1書記がキューバへの核配備を取り止め、ソ連船団をキューバ海域から離れさせたことを知り、正直ホッとした。

そのケネディ大統領が1963年11月テキサス州ダラスで暗殺されたとき、これはてっきりソ連の報復措置だと思った。杞憂に過ぎなかったが、国内のテロが戦争の引き金になり得る恐ろしさを感じ取った。大学時代を通じて、私は自由と民主主義、議会制民主主義、漸進的な改革推進、日米安保体制の擁護、中ソ両国に対する警戒感などの基本的信条を身に着け始め、外務省に入省した。

3　ロシア語研修を選択

一般的に言って日本人は語学が不得手だ。近年外国語を自由に駆使して、大学に通ったり、仕事をしたりする日本人が増えてきてはいるが、全体としては、いまだに語学力は不十分であり、世界を股にかけて活躍しようとする若者たちの数もあまり多くない。特に私の大学時代は、自分の将来性を外国で試してみたいと希望する同学年生の数は、ごく僅かだった。金融業界に進むことを希望する学生はかなりいたが、そこでもいまと違って外資系企業は二流として敬遠されていた。

大学時代、私は第2語学としてフランス語を選んだ。真面目に勉強した記憶はない。私の周りには、他のすべての学科の成績は良いにもかかわらず、フランス語のみ赤点を取り、教育課程に留年を余儀なくされた先輩がいた。英語についても、文法は得意だが会話ができないという学生が多かった。私は、幼少期から外国人と接する機会はありながら、リスニングの能力に乏しく、外国人との会話が苦手だった。3年生のときに受けた外交官試験の英語ディクテーション・テストは、おそらく零点だった。

私は、外務省の海外語学研修制度に魅力を感じていた。当時外交官試験合格者は、入省した年から海外研修に行くことになっていた。英仏独西語の研修は2年間、特殊語学と呼ばれたロシア、中国およびアラビア語は、研修期間が3年間だった。なお、後年この制度では実務を学ぶ機会が遅すぎるとの問題点が指摘され、外務本省で1年間の実務研修を行った後に海外研修に出かけるよう、制度変更が行われた。

1964年4月に外務省に入った私たちは、約3か月間、外務省研修所で語学の他一般教養について研修を受けた後、それぞれ赴任先の海外研修に出かけた。外交官試験合格者の多くは、英語に堪能だったこともあり、私はアメリカが対峙するソ連で働くことができるようロシア語研修を選択した。入省同期の同僚と私の2人がロシア語を選択し、同僚はアメリカ、私はイギリスでそれぞれ2年間研修し、最後の1年間は共にモスクワで研修することを命じられた。

外務省研修所での研修が終わりに近づいた頃、恒例の吉田茂元総理大臣訪問が行われた。私たち研修生一同は、御殿場の別荘を訪れ、日本外交の大先輩に挨拶した。馴染みの和服姿で私たちの挨拶を受けた吉田先輩は、好々爺のようだった。「なぜ君たちは外交を選んだのかね」と聞かれたが、硬くなっていた私たちは誰も返事しなかった。後年私は、せめて「米ソ冷戦に関心を持ったからです」と答えるべきだったと反省した。胆力不足で、大先輩から国際政治についてナマのコメントを聞く折角の機会を失してしまった。

4　保守的な研修制度

当時の外務省は、橋本総理大臣の口癖である「御殿女中の集まり」では決してなかったが、閉鎖的で保守的な雰囲気に包まれていたことは事実だ。例えば語学研修生たちは、研修の妨げになり得るとの理由で、外国研修に際して伴侶の同行が認められなかった。私の場合は、そもそも両親の反対で結婚することができず、やっと婚約だけ認めてもらって語学研修に出かけた。私の婚約者は3年間日本に滞在して私の〝刑期明け〟を待っていた。イギリス人の知り合いから、婚約して3年間離れていた後に結婚することなどありえない話だ、と呆れた顔をされたことをよく覚えている。

3年間のロシア語研修を終えた後、私は婚約者をモスクワに呼び寄せて、無事に結婚した。一方、研修期間中に体重が58キロから78キロまで増えてしまったこともあり、新婚当時の妻は私に大きな違和感を持ったようだ。1年後に長女が誕生した後に、そうした感情はなくなったようだ。この保守的な語学研修制度については、同僚先輩の中に基本的人権を定める日本国憲法の違反だと息巻いていた人たちもいたが、人事担当部署に訴え出るガッツは持っていなかった。

ちなみに当時外務省の在外赴任手当の中には、「配偶者手当」があった。夫婦で在外勤務する場合、自宅に客を招いて懇談することが強く求められ、料理と社交の二つで忙しい思いをする配偶者に対して支給される手当だった。後年この制度は廃止され、公館長以外の館員が自宅で設宴する回数は相当減少していると聞いている。レストランで懇談するだけでは、なかなか有益な意見交換はできず、良い情報も得られないと考える。自宅設宴の慫慂（しょうよう）は、人的関係の発展を通じて個人的信頼関係を築く上で、有用だった。外務省の伝統の中には、良いところもあったと思っている。

第一章　イギリスでのロシア語研修

1　英国陸軍のロシア語基礎コース

研修の概要

英国におけるロシア語研修は2年間で、最初の1年間はベコンスフィールドにある英国陸軍教育学校、次の1年間はロンドン大学スラブ・東欧地域研究スクールで行われた。ベコンスフィールドはロンドンとオックスフォードとの中間地点にある街で、教育学校はその郊外にあった。スラブ・東欧地域研究スクールは大英博物館の傍にあった。

ベコンスフィールド（Beaconsfield）の英国陸軍教育学校（通称 Army School of Education）は、英国陸軍教育隊（The Royal Army Educational Corps）に属していた。当時のベコンスフィールド校の柱は、ロシア語学科（the Russian Language Wing）とグルカ兵に対する英語学科の2つだった。ロシア語学科には、初年度の通訳コースが設置されていた。ロシア語研修は、英国陸海空軍の統合研修制度であり、全体で3年間のコースだった。初年度研修を修了した軍人たちは、2年目はフランスに派遣され、亡命ロシア人などロシア語を話す家庭に住みこんで研修した。その後昇進試験に合格した者だけが、イギリスに戻って3年目の研修を受け、最終試験に合格した者にロシア語通訳の資格が与えられた。私がベコンスフィールドに派遣された頃は、約20名の将校が初年度コースに在籍していた。

日本外務省がベコンスフィールドの陸軍教育学校のロシア語研修コースに語学研修生を派遣するようになったのは、1961年からであり、私の3年先輩が第1期生に当たる。1年置いて1963年から、毎年同校に派遣されるようになり、私は第3期生だった。頻繁にテストが行われ、文法、単語の発音と暗記、朗読、会話、同時通訳、筆記の翻訳などを通じて、ロシア語の習得ぶりが試された。英語もろくに話せない私が、英語を通じてロシア語を学ぶというのは、難儀であり、かつ、神経を使った。

英語の不得意な私のような外国人の生徒には、同時通訳や筆記翻訳のテストは免除されていた。筆記の文法や単語テストとなれば、大学受験で会得していた要領の良い勉強法のおかげで、常に100点満点に近い成績を収め、教師陣や同僚から一目置かれていた。しかし、リスニングの力はなかなか上がらなかった。英軍将校の多くは中年に差し掛かっていて、修学に時間がかかり、四苦八苦していた。第3年目の研修を経てロシア語通訳の資格を得た将校たちの数は、少なかったと聞いている。

イギリスやアメリカの有名大学で2年間を過ごす外務省英語研修生の中には、MAを取ったり、弁護士試験に合格したり、人脈作りをするなどして、語学研修以外に重要な機会が与えられていた。私のような英国のロシア語研修生にとっては、人脈作りの環境は十分でなかった。後年、英国外務省員のロシア語研修もベコンスフィールド校で行われるようになり、そうした点が改善されることになった。なお、ベコンスフィールドで、特に私が親しくしていた仲間についてみれば、3年目の研修にまで行った者はほとんどいなかった。

後に1998年から約2年間半、ロンドンの日本大使館に勤務していた頃、私ども夫妻は、ベコンスフィールド時代の仲間で英国陸軍准将（Brigadier）に昇進したアレステア・クラーク英国陸軍砲兵学校司令官から招待され、司令官宿舎に一泊し正式ディナーに出席した。旧交を温めるとともに、久しぶりに英国陸軍の雰囲気を味わった。和服に着替えてディナーに臨んだ妻は、英国陸軍の伝統に沿った夕食会の進行にやや緊張したようだった。アレステアは、ベコンスフィールド時代の陸軍仲間の出世頭だった。佐官クラスにまで昇進した軍人も多くなかったと聞いている。私のベコンスフィールドの研修仲間たちは、平均的な中堅クラスの軍人だった。

グルカ兵に対する英語教育科について、簡単に説明しておく。グルカ兵とは、ネパール山岳民族から構成される傭兵のことであり、英国陸軍に従軍している戦闘集団である。ウクライナで戦っているロシアの民間軍事組織などとは異なる。グルカ兵は勇猛果敢であると同時に、軍規を順守する兵士として、いまでも高い評価を得ている。ベコンスフィールドの将校集会所で、グルカ兵研修生たちの指揮官とよく顔を合わせた。同指揮官は英語に不自由であったらしく、いつも寡黙で、私たちと親しく交わることはなかった。

ロシア語学科で一緒だったある英国陸軍少佐は、かつてグルカ兵を率いてマレーシアの密林で共産党ゲリラ掃討作戦に従事した経験を持っていた。彼は、新たな語学を学ぶには少々年齢が遅かったようで、ロシア語の勉強には苦労していた。大変話好きな将校で、将校集会所では、掃討作戦の模様をしばしば話してくれた。第2次世界大戦中、アーサー・パーシバル率いる英連邦軍は、マレー半島を下ってシンガポールに迫ってきた帝国陸軍との戦いに敗れ、山下奉文司令官に降伏文書を差し出した苦い歴史を持っている。しかし、この少佐は、こうした歴史には無頓着で、口を酸っぱくして旧帝国陸軍兵士の勇敢さを褒めたたえていた。

マレーシアの掃討軍は、ゲリラ側に動きを察知され、しばしば苦戦を強いられていた。その中で、グルカ兵は、マラリア蚊や毒蛇が多く、湿度の高い熱帯雨林のぬかるんだひどい環境の下で、よく戦ったそうだ。同少佐は、斧でゲリラを殺したこともあると語った。日本兵士はグルカ兵よりも勇敢で優秀であり、もしも自分が日本兵士を率いて共産ゲリラ掃討作戦に臨むことができていたならば、もっと大きな戦果を挙げていただろうとも述べていた。私は、相槌を打つわけにもいかず、黙って聞いていた。

緑に包まれたベコンスフィールド校

ベコンスフィールドの陸軍教育学校は、れっきとした英国陸軍の基地だが、当時セキュリティーはあまり厳しくなかった。学校の看板が立てられた門から車で敷地内に入り、右側に分列行進などの訓練に使用されるフィールドを見ながら先に進むと、マナーハウスのような白亜の将校集会所（Officers' Mess）があった。当時、この建物をホワイトハウスと呼ぶ人もいた。なお、1988年に同校を再訪した頃までに、学校内の諸施設は全面的に改築されていた。残念ながら昔の良さを保っていた白亜の建物は取り壊され、特徴に乏しい近代的な建物に代わっていた。

将校集会所の前を進むと、語学教室ブロックとかつて旧ドイツ軍捕虜のために使用されたかまぼこ型兵舎があった。近くに家を借りることのできた人や、自宅を持っていた人たちを除いて、ロシア語研修コース参加の軍人たちは、平日は将校集会所と兵舎に寝泊まりした。将校集会所には、3度の食事をとるための食堂、娯楽室、バーなどのほか、ごく限られた人数分の部屋があった。私のいた頃、会計担当の一人の女性将校がそこで寝泊まりをしていた。

木造建築の語学教室内部は、日本の学習塾のように機能的にできていた。一方、かまぼこ型兵舎の方は、真ん中の廊下をはさんで、個人部屋とシャワー、洗面などの共用施設のある至って殺風景な作りで、居住条件は決して良くなかった。ロシア人語学教師たちも、何人かは兵舎に寝泊まりしていた。

平日私は、かまぼこ型兵舎、将校集会所と語学教室を行ったり来たりする生活を送った。その間、将校集会所前の国旗・軍旗掲揚台の前で行われる基地司令官（陸軍大佐）訓示の様子を見たり、グルカ兵の分列行進の様子を見たり、課外スポーツを楽しんだり、将校集会所で行われる正式晩餐会に出席したりしたが、1日の大半は、ロシア語の勉強に明け暮れた。学校内は、平日は活気にあふれていたが、週末になると非常に静かな場所に変わった。週末ともなれば、グルカ兵指揮官と私以外の語学研修生は、すべて自宅に戻ってしまい、校内は森閑となった。2か月も経つとストレスが高まり、オックスフォードやケンブリッジ大学に留学した外務省の同僚を訪ねては、夢中になって日本語を使ったことを覚えている。

英国式マナーに接して

ベコンスフィールドは、私にとって英国式マナーのイロハを学ぶ場所でもあった。将校集会所での体験を中心に、そのいくつかを紹介しよう。

将校集会所の食堂には30～40人用の重厚な木製テーブルが置かれていた。そこで毎日3度の食事をとった。当初私は、ナイフとフォークを使いながら、周囲の人たちと適当に会話を楽しむという器用なことはできなかった。そこで、できる限り会話をしなくてすむよう、テーブルの隅の席に座ることにしていた。食欲はあったので、味の良し悪しに関係なく、黙々とよく食べた。

若い女性兵士たちが食事のサービスを担当していた。彼女たちは至って健康で、活発だった。一方、一般レストランの従業員とは少々異なり、繊細さは十分でなかった。あるとき、両手に皿を持った小太りの女性兵士が、テーブル上の食器類を震わせるほどの勢いで、その腰をテーブルの角にぶつけた。彼女は、間髪を入れず、「すみません」と謝った。すぐ近くに席を取っていた私は、つい「テーブルがかわいそうだ」と言ってしまった。

食後、ロシア語科の仲間から「Hashi（私の愛称）は、マナー違反だ」と注意され、赤面した。一方、彼らは根から親切であり、何の嫌みを顔に現わすこともなく、テーブルマナーの基本を手ほどきしてくれた。やがて私は、将校集会所における食事を無難にこなすようになった。これは、後年大いに役立った。よく言われていることだが、音を立ててスープを飲んではならない、食事中に口を開けながら話してはならない、大声で話すことは慎むべきである、食事中に黙って席を立ってはいけない、隣席の人に一言断るべきである、などなど英国式マナーの基本は、このとき実地訓練を通じて学んだ。

欧米人は、食事中も食後も話すことが大好きだ。一方私にとっては、将校集会所の談話室でコーヒーを飲んだり、バーで酒を飲んだりしながら、彼らとともに談話を楽しむことが、なかなか難しかった。特に、ベコンスフィールドでは、談話の対象の多くが軍隊生活にかかわるもので、そもそも私には理解できない分野のテーマだった。ときどきお愛想笑いなどすると、「Hashi、いまの話がわかったか?」と聞かれ、恥ずかしい思いをしたこともあった。食後の談話に加わり、しかも知ったかぶりしないで過ごすことに慣れるには、だいぶ時間がかかった。

ベコンスフィールドでの研修中、基地司令官（陸軍大佐）主催の正式ディナーが、2、3回あり、私も出席した。私のような民間人は、ブラック・タイ（タキシード）の着用が強く勧められた。英国軍人の第1種礼装は、軍種別に異なっていて、2022年のエリザベス女王の葬儀の模様を見てもわかるように、派手である。殊に砲兵や騎兵部隊所属の礼服は、際立って派手だった。陸軍将校たちは概して大柄であり、礼服姿は格好良かった。

ディナーが続いている間、礼服に身を包み、誇り高い英国軍隊式の作法に従ってすましていた将校たちも、司令官が立ち上がって将校集会所を離れた後は、早速食堂を出てバーや広間などで裃を脱ぐ。いわば無礼講が始まるというわけだ。日本などに比べてアルコール類が高価なこともあって、彼らは平日に酒を飲むことは控えているが、正式ディナーの後は別である。彼らは、ウイスキーは高いとして敬遠し、テキーラ、ラム、アブサンなどの強い酒を好んで飲んだ。第2回目のディナーの後、私はとんでもないことをしてしまった。その話は、後段に回すことにしたい。

ベコンスフィールド生活も数か月がたち、周りの雰囲気にだいぶ慣れ始めた頃、昼食時、私は会計担当の女性士官の隣の席に座ることがときどきあった。ある日、一緒に語学教室に戻ろうとして集会所の重いドアの前に立ち止まった際、彼女は微笑を浮かべて私の目を見た。不思議に思って、「なぜ立ち止まるのですか?」と聞いた途端、彼女から、あきれた顔で「ジェントルマンは女性のためにドアを開けるものよ」と言われてしまった。レディー・ファーストの実地訓練の始まりだった。

それまであまり気が付かなかったが、彼女がテーブルに座る際には、座右の男性士官は、立ち上がって席を引き、彼女が座りやすいように手助けをするのが常だった。男性が女性にコートを着る手助けをすることも、そのときに習った。在外勤務時代、外国人を自宅に招待する機会が多く、ベコンスフィールドにおける社会勉強は大いに役立った。

兵舎内のマナー

ベコンスフィールドでは、階級の持つ意味合いについても学んだ。将校の社会と下士官・兵士の社会は、はっきりと区別されていた。私やロシア語教師などの民間人は、将校待遇で将校集会所の利用が許されていた。学校内で下士官・兵士たちは、頻繁に将校に敬礼し、用事を足す際には、語尾に「サー」、「マム」を付けて敬意を表していた。流石に私に敬礼する兵士たちはいなかったが、対話の際には「サー」と呼ばれ、悪い気はしなかった。

年に1回、将校のためのダンス・パーティーと下士官・兵士のためのダンス・パーティーがそれぞれ別の日に開催された。将校のためのパーティーに下士官以下が招かれることはなかった。一方、女性士官に招かれて一度私は下士官たちのパーティーに参加したことがある。会場は質素な作りであったが、出席した一般兵士たちは、楽しそうに踊っていた。おそらく、何か間違いでも起こらないようにとの配慮だったと思うが、二つのパーティーともに、会場でアルコール類は提供されなかった。女性士官の〝指示〟で、彼女の部下たちと何回か踊った後、程なく兵舎に戻った。

かまぼこ型兵舎には、真ん中の通路を隔てて、個室と洗面所、トイレ、シャワー室などの共用施設があった。個室はすべて同じ作りで、ベッドと勉強机などが置かれた殺風景な部屋だった。オックスフォードやケンブリッジ大学の学生寮の方がはるかに〝豪華〟で大きかった。但し、流石に軍隊の施設だけあって、規律はやかましかった。学生寮のように、個室の中に設置された鏡の前の洗面器で用を足すようなことは、厳禁だった。
シャワー室の使用時間も決まっていた。就寝時間は決まっていなかったが、夕食後兵舎内では、原則として静かに過ごすことが求められた。私は、同じ兵舎にいたロシア人教師から、何度となく苦情を受けた。スリッパで大きな音をたてながら廊下を歩くな、シャワーを浴びながら大声で歌うな、すさまじい音を出してうがいをするな、など、「イズヴィニーチェ（アイアムソリーのロシア語）」の連発だった。

後年、ドイツ在住を経験したある日本人から聞いたところによれば、兵舎内の規則は、ドイツのアパート暮らしに比べるならば、だいぶ緩いとのことだ。ドイツ人は騒音にうるさく、アパート内では、風呂に入る時刻まで苦情の対象だったそうだ。私は、「郷に入っては郷に従え」と格好をつけて、兵舎内のマナーに従っていたが、当時の私のマナーは、いまの日本でも受け入れられそうにないものだった、と大変恥じている。

このような体験もあって、後にロンドン大学に留学した頃には、私のイギリス式行儀作法はだいぶよくなっていた。

はめ外す陸軍将校たち

前述したベコンスフィールド教育学校司令官主催の正式ディナーは、英国陸軍教育隊直属の軍人以外の人間に対して、出席を義務つけるものではなかった。例えば私が非常に親しくしていた3人の海軍士官は、1回も出席しなかった。ロシア人教師も出なかった。私は、物珍しさも手伝って、出席してみた。将校たちは、色とりどりの派手な礼服を着てきた。ハイテーブルに席を取った司令官が短い挨拶をしたのち、オードブルとワインでディナーが始まった。一見すると「戦争と平和」の映画に出てくるような光景だったが、女性の出席が極めて少ないこともあり、何か奇妙な感じを受けた。将校たちは、気取って会話を交わしながら、食事を楽しんだ。

2回目に出席したディナーでは、忘れることのできないことが起こった。ディナーのテーブルでサービスされるワインは無料だったが、食後の酒は個人別に給料から天引きされることになっていた。その夜は、クリスマス時期に近かったこともあって、将校たちの財布のひもは緩かった。ディナーが終わり、集会所に残った将校たちは、大いに酒を飲み始めた。

私は、勧められてアフリカ大陸特産のアブサンを注文した。少量飲んだだけで、口の中が焼けるように強い酒だった。言ってみれば中国のマオタイ(茅台酒)や、沖縄与那国島の花酒のようなものであり、とても大量に飲めるものではなかった。将校たちは、アブサン、ラム酒などアルコール度の高い酒をショットグラスから何杯も飲み干した。大声を出してはしゃぎ始め、何人かが「英国陸軍の伝統行事」をしようと言い始めた。

私の横で静かに飲んでいたある将校は、「Hashi 今夜は荒れたパーティーになる恐れがある。早く宿舎に戻った方がいいよ」と言い残して、さっさと将校集会所を去った。興味半分でぐずぐずしていた私は、サロンの一角を使って、20人近くが馬跳びを始めることを知った。「Hashi！君もやれ」と言われたが、がっちりとした体格の彼らと一緒に馬跳びなどする気になれず、そばで眺めることにした。しかし、ハイテンションの同僚たちから、何度も誘われ、また、馬の首の役（壁に背中をつけて立つ役）の将校から「Hashi には小生の股に首を突っ込む最後の馬のポジションを与える」と言われて、しぶしぶ加わった。何となく嫌な予感がした。

10人弱が馬の列になり、いよいよ馬跳びが始まった。最初に跳ぶのは、日ごろ鞭を片手に気取って歩く戦車隊将校であることを知って、私は急に怖くなった。あの体重で私の背中に跳びこんでくるならば、背骨が折れると思った。馬首役に「私は降りたい」と述べたが、「彼が Hashi のところまで跳んでくることはない。安心しろ」と言われ、逃れることができなかった。

身体能力の高い彼が、勢いよく私の背中まで跳んでくる気配を察して、とっさに私は身体を沈めてしまった。彼は着地点の急激な変化に対応できず、頭を直接壁にぶつけてしまった。あわてて私たちが列を解いて立ち上がると、彼は気絶して床に横たわっていた。私は、「しまった！」と思った。誰しも彼が大怪我をしたと思った。

しかし強靭なこの戦車隊将校は、間もなく立ち上がり、私たちは早々に将校集会所から立ち去った。翌朝彼が平然と朝食に現れた姿を目の当たりにして、正直ホッとした。また、彼が壁に頭をぶつけた責任を私に問う者は誰もいなかった。私には後ろめたい気持ちが残り、第3回目のディナーは、理由を作り、遠慮した。私は、精神的にも肉体的にも、軍人には全く向いていないことを自覚せざるをえなかった。

3人の親しい友達

どの国の軍隊にも共通することであろうが、将校たちはお互いに仲が良い。ロシア語コースの英軍の将校たちは、入校当初から、私に親しく接してくれた。9か月間のベコンスフィールド滞在中、特に海軍士官3人と仲良くなった。一人は海軍大尉のアンドリュー、他の2人は海軍中尉のベンとチャールズだった（名前はすべて仮名）。

アンドリュー大尉は、戦闘機乗りだった。空母への着艦に失敗して大けがを負い、その後地上勤務となり、松葉づえをついていた。ベコンスフィールド学校入校時は新婚早々で、学校付近に間借りしていた。夫人は気さくな人で、週末には何度かアフタヌーンティーに誘ってくれた。そのとき初めてポンチという飲み物を知った。その後、子供たちも3人になり、瀟洒な家を購入して、ベコンスフィールドに住みついた。

ベン中尉は、艦隊勤務もあったが、ベコンスフィールド校の入校前は、地上勤務だった。私とすぐに良い友達になり、早速スカッシュ（Squash）の手ほどきを受けた。サセックス州に両親の家があり、週末に何度か滞在させてもらった。クリスマス直後の12月26日から数日間滞在させてもらった際、玄関口で「Merry Christmas」と挨拶して、ご両親を困らせた。ベン中尉から、26日はバンク・ホリデー（休日）であり、クリスマスおめでとう、とは言わないものだ、と教わった。

ベン中尉の父親は、空軍パイロットとして第2次世界大戦に参戦し、イタリアのトリノ空襲に加わり、撃墜された経験を持っていた。戦闘機から落下傘で脱出し、地上に降り立ったところで捕虜になった。終戦まで送った捕虜収容所では過酷な経験をしたらしい。前もってベン中尉から、戦争のことは話題にしないでほしいと警告されていた。当初私は肩身の狭い思いをしたが、彼の両親は私を親身に迎えてくれた。父親は、好々爺という感じだった。母親は、テレビや新聞で気に入らない発言に接するたびに、「Absolutely nonsense」（全くばかげているわ）を連発するかわいらしい女性だった。

ある朝、友達は、家の棚から猟銃2丁を引っ張り出してきて、私をキジ狩りに連れていった。早朝2人だけで近くの森に行った。キジを撃つとき以外は、常に銃口を地面に向けて下げておくこと、キジがいるとわかった際は、静かに近づいていって、獲物が飛び上がったところで引き金を引くことなど、ごく初歩的な狩りの仕方を直前に教わっただけで、狩りに出かけた。

森に入っても、キジが出て来る気配はなく、「何だ、キジなどいないではないか」とつぶやいたところ、友達から「静かにしろ」と注意された。私はまるでスナイパーになったような気分で、寒さに震えながら静かにそろそろと森の中を歩いて行った。30分ほどしたところで、木の上で鳥が動く気配を察し、早速引き金を引いた。私は、大きな銃声に驚き、「キジをしとめた！」と叫んだところ、弾は当たっておらず、飛び去ってしまった。

このとき驚愕したのは、ベン中尉の方だった。私は、フェザント（キジ）と言うべきところを間違え、「ペザント（お百姓）を仕留めた！」と叫んでしまったのだ。友人は私が人を撃ってしまったと思ったらしい。あとで笑い話にはなったが、そのときの友人の驚いた顔は忘れられない。私には、キジ狩りなど本来無理だったのだ。このように思ったものの、後年ロンドンの日本大使館勤務に際し、再びキジ撃ちを始めてしまった。ある日獲物を家に持ち帰ったところ、妻の大不興を買い、知人に進呈せざるをえなくなった。気安く素人が銃に手を出すのは、止めた方がいいと思った。

チャールズ中尉は、いかにも軍人らしい男で、長らく艦隊勤務の経験を重ね、堂々たる体格だった。ある日、私をロンドンの中央競技場に連れて行って、陸上競技を見せてくれた。当時200m競争でよく世界記録を出していた英連邦の選手が記録を更新する姿を目の前で見た。友人は「Hashiはラッキーだ」と自分のことのように喜んでくれた。

チャールズ中尉の父母は、サウスハンプトン（日本ではサザンプトンと呼ぶが、友達はサウスハンプトンと発音していた）港の近郊に住んでいた。ある週末に招待された際、同じく海軍軍人だった彼の弟もたまたま帰宅していた。乗っていた艦艇が軍港に着いて、休暇がもらえたとのことだった。海軍士官同士が集まると、話題は海軍の話ばかりで、週末の気分転換にはそぐわないような感じを受けた。

到着した翌日、フェリーに乗って対岸のワイト島に住むチャールズ中尉の叔父の家を訪ねることになった。乗船前に、友人から「叔父は第2次世界大戦で日本軍と戦った経験がある。マレー半島沖で、戦艦プリンス・オブ・ウエールズと巡洋戦艦レパルスが日本海軍の航空機に攻撃され沈没したことを、いまでも恨みに思っている。Hashi は戦争の話はしない方がいい」と言われた。

幸いこのときも、話題が戦争に及ぶことはなく、叔父さんを含め先方家族から温かく迎えられた。アフタヌーンティーをご馳走になり、お手製の菓子やサンドイッチなどをたくさん食べた。英国式の紅茶の入れ方について、オン・ザ・ジョブ・トレーニングを受けた。「あらかじめ非常に濃い紅茶をティー・ポットに入れておき、飲む際には各自のカップに熱湯を注ぐべし、ブラックで飲むのも、ホワイトで飲むのも自由だが、ホワイトの場合には、先ず冷たい牛乳をカップの中に入れておいてから紅茶を入れるべし」などなど、その家の流儀を教わった。ブラックはあまりにも濃いため、ホワイトにしたが、それでも胃が縮まる思いをした。

なお、うんちくを傾けるイギリス人の性向は、ゴルフに誘ってくれた前述のロシア語学科同級生にも当てはまった。彼は古参の陸軍中佐で、ネクタイを締めてゴルフをプレーする男だった。ベコンスフィールド・ゴルフ・クラブでプレーをしながら、「失敗しても奇声を上げてはならない」、「正式のニッカボッカを着用していないときに、ソックスをズボンの上にまで引き上げてはならない」、「パートナーが良いショットをしたときは、誉めるのが礼儀だ」などなど、本場イギリスでのゴルフマナーの基本を教えてくれた。人の良い将校だった。

いずれにせよベコンスフィールド教育学校ロシア語学科で一緒だった英国軍人たちは、上から目線ではなく、庶民的で気持ちのよい人たちだった。将校として制服姿のときは、いつも気取っていたが、イギリス上流階級の人たちから受けるsnobbish（お高くとまる）な印象とは異なり、気取りの中に、温かさを宿していた。なお、私がベコンスフィールド校の後に入学したロンドン大学の学生たちは、気取った態度で知識を見せびらかすようなところがあり、あまり好きにはなれなかった。

外交官の卵としての最初の1年間、ベコンスフィールド校で過ごすことができたことを、私はありがたく思っている。ロシア語研修と言うよりも、社会についての研修を受けたとすら感じる生活だった。

2　ロンドン大学におけるロシア語研修

つかの間の夏休み旅行

ベコンスフィールド校の英国軍人たちは、ロシア語学科を終えたのち、9か月の間、ロシア人家庭に住み込んで、ロシア語研修を続けるため、パリに向かった。私は、ロンドンに居を移し、小さなアパートを借りて、9月に始まるロンドン大学でのロシア語研修に備えた。その間を活用し、ベコンスフィールドで購入した中古車に乗って、1人でベルギー、ドイツ、フランスに1週間ほどの休暇旅行に出かけた。

地図を頼りにしつつ、行きあたりばったりで、初めての欧州大陸を車で旅行した。わからないことが多く、楽しむよりも苦労する方が多かった。イギリスのB&B（ベッド&ブレックファースト）のような簡易宿泊施設の見分け方がわからず、また、インターネットもなかった時代なので、午後に入ると、先ずは当夜のねぐら探しに時間を使った。大きな街の鉄道駅周辺には小さなホテルがいくつかあった。立ち寄って、現金を前払いするので泊めてほしいと頼み込む、という方式で宿を見つけた。幸い、宿泊を断られて困ったことはなかった。

私は、初めて訪れる欧州大陸で、ただ車を走らせていただけのような気がする。名所旧跡を訪れる心の余裕もなく、また、宿で地元の人たちと語り合う機会もなかった。全体として面白味はなく、休暇と言うよりも、運転の実地訓練に出かけたような気分だった。

旅の最後にパリに立ち寄り、夏季休暇を利用してケンブリッジ大学からフランス語の勉強に来ていた外務省の同僚に会って、フォンテンブロー宮殿を案内してもらった。彼は、フランス語の実地訓練であると称して、現地ガイドのフランス語解説に汗水を流してくれた。私は、この短いヨーロッパ旅行中、初めてゆっくりと観光を楽しむことができた。

スラブ・東欧地域研究校

ロンドンに戻り、1965年9月末、ロンドン大学ユニバーシティー・カレッジのスラブ・東ヨーロッパ地域研究校（School of Slavonic and East European Studies）に学部入学した。翌年夏休みまでの9か月間ほど、ロシア語研修を続けた。スラブ・東ヨーロッパ研究校は、ロシア語、東欧各国語、バルチック3か国の語学および東ヨーロッパの地域研究を専門とするところだった。ベコンスフィールド校に比べて、ロシア語授業の程度は高くなかったので、別途私的に民間語学学校を見つけて、ロシア人教師から会話の個人レッスンを受けることにした。

ロンドン大学のロシア語学科の学生数は、20～30人程度だった。ベコンスフィールド校の雰囲気とは大きく異なっていた。当初私は、授業時間以外には、できるだけ学生たちの集まるカフェテリアに行ったり、学生たちが興じるダンス・パーティーに顔を出したりして、社交に努めようとしたが、学生たちは私との交流にあまり関心を示さなかった。私に話しかけてくる学生も少なかった。

地域研究についての授業は、クイーンズ・イングリッシュで行われ、付いていくことが難しく、また、大量の英文参考書を毎日読みこなす意欲もわいてこなかった。〝親切な〟担当教師から、「貴方の研修目的はロシア語習得であり、必ずしも地域研究関連の授業に顔を出す必要はない」と言われた。おそらくこの教員は、英語のよくできない外国人留学生によって、授業のペースが乱されることを懸念したのだろう。私も、これ幸いと出席を取り止めた。いまになってみて、もう少しイギリス人学生たちと付き合っておくべきだったと思っている。

その代わり、と言っては語弊があるが、私は文化・芸術面に多くの時間を割いた。幸いスラブ・東ヨーロッパ研究校の校舎は、大英博物館のすぐ近くにあった。地域研究の授業時間を利用して、よく大英博物館に足を運んだ。特にエジプトやインドのコーナーに何度も行き、一度はそれらの国を訪ねて、実際に古代文明に接することを強く願った。

考えてみれば、私は、外務省に入る前の学生時代、博物館にはあまり行ったことがなかった。その埋め合わせをするかのように、ロンドンでは、多くの博物館、美術館を訪れ、また、コンサート・ホールで音楽を楽しんだ。ウエスト・エンドでは、ミュージカルを楽しんだ。ちなみに学習塾のロシア人教師は、かつてオペラ歌手として舞台に立ったことのある高齢の亡命ロシア人だった。彼女の影響で、オペラ鑑賞にも行った。後に外務省同期とともにベルリンのオペラハウスで、リヒャルト・シュトラウスの「ばらの騎士」を鑑賞したことがある。ロンドンに戻ってその報告をしたところ、彼女は、「ばらの騎士」は最も優れたオペラ作品の一つであり、貴方は非常に良い選択をした、と我がことのように喜んでくれた。

夏季ロシア語集中セミナー

１９６６年9月からモスクワ国立大学でロシア語研修をする予定になっていたこともあり、ロンドン大学留学終了後、モスクワに行くまでの夏休み期間を利用して、オーストリアのリンツ郊外で開催予定の民間団体主催ロシア語集中講座に参加を申し込むことにした。スラブ・東ヨーロッパ地域研究校のカフェテリア内にあった募集案内を見て決めたものだった。ロシア語セミナー参加者はリンツに集合することになっていた。ロンドンを列車で出発し、途中ドーバー海峡をフェリーで渡り、再度列車で同地に到着した。セミナー終了後、同じく列車で当時のユーゴスラビアにまで足を延ばす計画を立てた。それでもモスクワに向かう前に、一度ロンドンに戻って2週間ほど過ごす余裕があるなど、夏季休暇を十分有効に利用した計画だった。

セミナー開催地は、ウンターヴァイセンバッハ（Unterweissenbach）と言う小さな村だった。セミナー参加者は、村にあるいくつかのホテルに分散投宿した。平日は毎朝仲間とともに、セミナー会場まで出かけ、午後過ぎにはホテルに戻って来るというのが基本的な時間割だった。欧米諸国から50名ほどの学生が集まったセミナーでは、ロシア語以外の言葉を使うことが許されず、正に短期間の集中講座だった。学生のロシア語の習熟度もほぼ同じであり、効率的な授業が連日行われた。

午後に宿舎に戻った後は、自由時間だった。翌日の予習以外は、各人の好みに従い、なかなか太陽の沈まないヨーロッパの夏の日々を楽しんだ。私はしばしば村の教会に足を運んで、静かな時を過ごした。イギリスからの参加者の一人は、オルガン弾きで、よく教会に来ては、即興の教会音楽を演奏していた。夕食後は、宿舎でダンス・パーティーに参加したり、ロシア曲の合唱をしたりして、楽しんだ。ロンドン大学留学中とは違って、にぎやかな毎日だった。

セミナーでは、あるイギリス人の女子学生が私の面倒をよく見てくれた。ただ一人の非欧米系の参加者であった私に対して、母性本能を持ったようだ。親切なのは大変ありがたかったが、ときどき自分一人の時間が欲しくなり、私は教会に逃れたりした。彼女の勧めで、週に何度か彼女とともに乗馬のレッスンを受けた。私が半生で乗馬を経験したのはそのときだけだった。馬の背が広く、足の短い私には、大変乗り心地が悪かった。よくあのような大きな動物を乗りこなして、障害物競争などをするスポーツ選手がいるものだと、感心した。

日曜日は全く自由だった。あるとき、ベルギーの女子大学生と一緒に近くの山にピクニックに出かけた。まるで映画の「ザ サウンド オブ ミュージック」に出てくるような美しい風景だった。セミナー終了後56年も経った２０２２年10月、突然ある女性から、貴方はウンターヴァイセンバッハのロシア語集中講座で一緒だったあの橋本宏かと尋ねるメールを受け取った。彼女は、このベルギー人の女性で、大学卒業後、大学レベルのある高等教育機関に就職し、ロシア語の教授になった。彼女はスイス人と結婚し、その後スイスに移り住んだ。いまはジュネーブの日本政府代表部隣のフラットに住んでおり、フェイスブックの中で私の名前を見つけ、その後知己を通じて私のメールアドレスを知って連絡してきた由だった。

ウンターヴァイセンバッハにおけるロシア語集中講座は、非常に効率的で効果的だった。ユーゴスラビア旅行を終えてロンドンに戻ったとき、個人レッスンを受けていた亡命ロシア人の教師から、私の会話能力が飛躍的に向上したと高い評価を受けた。確かに、私が初めてロンドンに着いたときの英語の理解力に比して、モスクワに着いたときのロシア語の理解力の方が高かった。ウンターヴァイセンバッハの1か月間研修のおかげで、モスクワ大学入学にかかわる種々の手続きをするにあたって、私はほとんど苦労しなかった。

なお、私の外務省最後のポストは、駐オーストリア大使だった。夏休みに妻をウンターヴァイセンバッハ村に案内した。住宅が増え、様子はすっかり変わっていた。かつてセミナーが行われた施設はとうとう見つからなかった。宿舎のホテルは元のままだったが、当時の支配人は既に亡くなり、未亡人が経営の責任者になっていた。彼女は一泊した私たちを温かく迎え、夕食時には私たちのテーブルに座って、面倒を見てくれた。その親切さには頭の下がる思いをしたが、彼女は外国語を話さず、私は片言以外のドイツ語は話せないことから、食事の場を持たせることに閉口した。

総じて、ロンドン大学留学中は、ロシア語学習についても、社会勉強についても、後の記憶に残るような経験はできないままで終わってしまった。却って個人的に参加したウンターヴァイセンバッハの夏期講座の方が有益だった。

第二章　冷戦下のモスクワ大学留学

1 修士課程の聴講生

1966年9月、アメリカで2年間のロシア語研修をした同僚と共に、私はロモノーソフスキー名称モスクワ国立総合大学（通称エム・ゲー・ウー）に入学した。私の所属した歴史学部は、スターリン時代に建てられたレーニン丘（レーニンスキエ・ゴールイ）（いまの雀が丘）の大学キャンパス内ではなく、モスクワの中心部近くにあるロシア帝国時代の建物の中にあった。レーニン丘の寄宿舎から、毎日バスと地下鉄を使って、歴史学部に通った。建物の入り口は大学とは思えないほど狭いが、建物の中は意外に広く、多くの教室があった。

入学前に日本大使館に着任のあいさつに行った際、研修指導官から、「君たち2人は、戦後初めてモスクワ大学でロシア語を研修できる外務省職員だ。しかも寄宿舎で生活するという幸運に恵まれていることを忘れてはならない。研修中は大使館に来る必要はない。できるだけロシア人学生と付き合え」と指示された。これは願ってもないことだった。

外国人留学生用の聴講生（スタジョール）という資格を与えられた私は、歴史学部の修士課程で勉強することになった。聴講生には、ロシア人学生が受けるすべての授業への出席が許されるとともに、試験を受ける義務は免除されていた。つまり、修士課程の授業科目のうち、関心のあるものだけに出席すればよいわけで、ロシア語研修生にとしては都合の良い資格だった。当時共産圏諸国の有力政治家の子弟が、聴講生として歴史学部に通ってきていた。彼らは、自分たちのグループを作り、その狭いサークルの中で大学生活を送っていた。真面目に勉学に励んでいる様子ではなかった。

入学して間もなくの頃、隣席のロシア人の女子学生が、ロシア語を聞き取れずに苦労している私の様子を見て大いに同情し、自分の取ったノートを横にずらして見せてくれた。しかし、あまりにも達筆でよく読めず、「スパシーボ」（ありがとう）と礼を述べたものの、何が書かれているのかわからなかった。授業が終わった後、彼女はナターシャと自己紹介し、私の名前を聞いてきた。その日以降私の姿を見つけては隣に座り、授業のポイントを小声で教えてくれた。寄宿舎に戻った後に私の予習復習を手伝ってもよいとさえ言ってくれたが、1日中ロシア語漬けになるのは苦痛だったので、丁重に断った。

ナターシャは腺病質な感じのする女性で、周りのロシア人学生と会話を楽しんでいるようではなかった。後日わかったことだが、彼女の部屋は4人用の〝たこ部屋〟で、彼女は彼女なりに、少しは気楽な放課後の時間を過ごしたかったようだ。なお、彼女は、私の部屋によく来ていたジェーニャと言う少々怪しげな他学部の男子大学院生に疎まれ、やがて私から遠ざかっていった。

ジェーニャは、おそらく当局から命じられて私の行動を監視していたと思われる。ナターシャのような生真面目な〝うぶな女学生〟は、監視上の邪魔になると思ったのだと推測する。

当時モスクワ市内のカフェテリアは一般的に貧弱だったが、モスクワ大学歴史学部の学生食堂はさらに貧弱で、メニューの数も少なかった。その上、サービスがひどかった。あるとき、ロシア式サンドイッチ、パン、チーズ、ソーセージなどを並べたショー・ケース前の列に並んでいたところ、前方の学生が「中で蛾が飛んでいる」と叫んだ。ケースの向こう側に立って客の注文を聞いていた係の女性は、平然として「エト プリローダ」（これは自然だ）（英語では This is nature. の意味）と答え、片手をショー・ケース内に入れて、蛾を掴んで外に捨てた。これには驚いた。流石の私も、その列から離れて他のコーナーに移った。

学生食堂の通常メニューは、いたって味の薄いボルシチ、ウハー（魚のスープ）、黒パン、煮たり焼いたりしたジャガイモ、硬くて歯が折れそうな肉塊の料理等で、日本人の喉には通りがたいものだった。しかし、私は何でも大量に食べた。イギリス滞在中に増え始めていた体重は、モスクワ大学の食事が身体に合っていたためか、みるみる増えていった。反対に私の同僚は食べ物が合わず、体重を落としてしまった。

日本に戻り、健康診断を受けたとき、医者に「不健康な体つきだ。20キロの米俵を抱えて歩いていることを想像しなさい。少なくとも体重を10キロ落としなさい」と言われた。1年かけてこの目標を達成したが、その間の禁欲的な生活ぶりは、2度と経験したくないものだった。

2 一般ロシア人との交流

私がロシア語研修のためにイギリスに赴いた1964年、ソ連ではニキータ・フルシチョフソ連共産党中央委員会第1書記が権力の座から追われ、レオニード・ブレジネフが第1書記に就任し、アレクセイ・コスイギン首相、ニコライ・ポドゴルヌイ最高会議幹部会議長とともに、3人のトロイカ体制（集団指導制）が敷かれた。ちなみにブレジネフは現在のウクライナのカーミャンシケ市生まれだった。

当時は冷戦時代の真っただ中だった。私がモスクワ大学の留学を終え、在モスクワ日本大使館で働いていた1968年、ソ連は「プラハの春」と呼ばれたチェコスロヴァキアにおける民主化の動きを抑圧する挙に出た。ブレジネフは、ドゥブチェク・チェコスロバキア共産党第1書記を修正主義者と非難し、ワルシャワ条約機構軍をチェコスロヴァキアに投入して、ドゥブチェクを追い出した。また、1960年代からソ連と中国の対立は高まり、1969年には中ソ国境地帯を流れるウスリー川で両国軍隊は武力衝突した。さらに東南アジアでは、ベトナム戦争が泥沼化するなど世界的に米ソ対立が深刻化していた。

共産圏から来ている人たちは別にして、外国人、特にモスクワに勤務する欧米諸国や日本などの大使館職員や家族は、一般のロシア人と自由に交流することができなかった。わずかに会うことができたのは、ソ連外務省が許可した特定の職種のロシア人などであり、私たちは常にソ連秘密警察に監視されていた。ときには外国人が国外退去を求められる事態にまで発展することがあった。

一般ロシア人の生活水準は低く、国営の食料品店や百貨店に並んでいる商品の質は悪かった。私ども外国人が買う気をそそられる物は少なかった。一方、ソ連政府は、ある程度品揃えのある外国人向けの外貨ショップ（ベリョスカ）を市内に作っていた。一般ロシア人には出入りが禁止された。私たちは、通常その外貨ショップで日用品や食糧を購入していた。ソ連当局は、外国人が一般ロシア人と日ごろ接触せずにすむような環境を整備していたわけだ。外貨ショップは、一般ロシア人にとって羨望の的であるとともに、彼らの生活のみじめさを感じさせる場所でもあった。

市中には、闇取引や汚職が横行していた。交通警察官は、ワイロ欲しさに、何かと理由をつけては、外交ナンバーを付けた車を停止させた。外交官たちは、アメリカたばこのマルボロやナイロンのストッキングなどを常時車内に置いておき、交差点などで止められると、人目に付かないように手渡して、無罪放免になった。空港の手荷物検査でも同様の風景が見られたものだ。

ボリショイ劇場、トレチャコフ美術館、サーカス、アイス・スケートなど文化、芸術、エンタメ、スポーツなどの場所でも、バーター取引などで外国人からなにがしかの外貨を獲得しようする人たちがたむろしていた。モスクワ市内では、何かしら胡散臭い光景が広く見られた。

このような環境の下、先輩の日本外務省ロシア語研修生たちは、大使館員用アパートに居住し、ロシア語教師を雇って、ロシア語研修生活の最後の1年を過ごしていたわけだ。ロシア人社会から隔絶され、しかもソ連外務省外交団世話部から派遣されたロシア語教師から半ば監視されつつ、ロシア語研修をしていた。

日本外務省は、一般日本人留学生と同様の待遇を外務省ロシア語研修生にも与えるよう、長年にわたってロシア側と交渉を重ねていた。それがやっと実って私と同僚の2人は、戦後初めて、モスクワ大学寄宿舎に入ってロシア語を研修する機会に恵まれた。このような経緯もあり、大使館の研修指導官は、私たちに学業に励むというよりも、ロシア人との付き合いを優先するように助言したわけだ。おかげで、私ども2人は、ロシア人学生に交じって〝生きたロシア語〟を学ぶ貴重な経験をすることができた。

3 レーニン丘のキャンパス

モスクワ大学のホームページを見ると、私が聴講生だった1966年～1967年頃と比較して現在のモスクワ大学は、組織面でも、設備面でも、非常に近代化されている。私の留学当時の大学キャンパス内の模様は次のようなものだった。

当時「レーニン丘」と呼ばれ、いまは「雀が丘」と呼ばれている丘の上に、大学キャンパスがあった。クレムリンから南西方面に建てられた32階建てのモスクワ大学は、外見は今も昔も変わりない。スターリン様式とも呼ばれる特異のビルディングの中央部は、学業を行うための諸施設だった。同時にそこにはコンサート・ホール、食堂、ショップなど学部共用の課外活動用の施設も併設されていた。ビルディングの右翼と左翼は居住区域になっていて、学生のための寄宿舎や教職員のためのアパートがあった。私の部屋は、正面から見て右側の20階辺りにあったと記憶している。

各階の間取りはほぼ同じで、廊下を隔てて左右に2人から4～5人用の部屋が幾つも並んでいた。私ども外国人留学生には、2人部屋があてがわれていた。ドアを開けると、左右に手洗いとシャワー・ルームがあり、正面に鍵のかかる2つの個室があるという作りだった。各個室は非常に簡素なもので、右側にベッド、左側に勉強机があり、その他小さな作り付けの衣装棚があった。窓は正面奥にあり、窓を開けると真下に広場、左右に芝生の庭、真向いにレーニン丘の展望台が見えた。展望台から丘を下るとモスクワ川が蛇行し、ルジュニキ国立競技場から北東方面にクレムリンが遠望できた。非常に景色の良いところだ。

各階には男子用と女子用の部屋が混在していた。各部屋のドアには番号がつけられていたが、名札はなく、どれが男子学生用部屋で、どれが女子学生用部屋かはわからなかった。男子学生が夜中に女子学生用部屋のドアを〝間違えて〟ノックしたりする逸話が絶えなかった。週末には、各部屋に男女が集まって交流を深めていた。

ちなみに私の後輩は、寄宿舎への入居当日、ユニークな体験をした。彼は、あてがわれた部屋のドアを開けたところ、相部屋となる学生が到着したと思って個室から出てきた女子学生と鉢合わせになった。中東系のその女性は、男性が入ってきたことを知って、大声を上げた。慌てて個室に戻り、中からカギをかけておののいていたらしい。驚いた後輩はすぐに事務局に連絡を取ったところ、誤って女子学生用部屋を彼に割り当てていたことが判明した。ロシア語では、通常「ア」の母音で終わるファースト・ネームは女性である。たまたま「ア」で終わる名前を持っていた私の後輩は、事務局職員の初歩的なミスによって、とばっちりを受けたことが判明した。

幸い大事には至らず、すぐに後輩には男子学生用部屋が与えられた。事務局職員の説明を受けた女子学生も安心したようだが、彼女はイスラム教徒だったこともあり、一時はパニック状態に陥ったらしい。当時ソ連社会では、何か事が起こると、政治問題化することが非常に恐れられていた。ロシア人学生と外国人学生の間には、警戒感が強く存在していた。後輩も、モスクワの地を踏んだ途端にこのようなトラブルに巻き込まれ、多大な迷惑を受けた。

寄宿舎各階には、学生用のキッチンがあった。近代的な設備ではなく、古ぼけた流しとガス台だけの殺風景な作りだった。やがて私は何人かのロシア人学生と知り合いになり、交友関係を広げていった。週末には外貨ショップに出かけ、肉や野菜、ワイン、ウオッカ、つまみなどを購入して寄宿舎に戻ってきた。女子学生たちは、モスクワではなかなか手に入らない〝高級食材〟を使って、喜んで調理してくれた。男子学生は辛抱強く料理が用意できるのを待っていた。そして2つの個室を開放し、狭い部屋を最大限に使って、10人ぐらいでパーティーを開いた。私たちは、よく食べ、よく飲み、よく話し、ダンスまで楽しんだ。

男子学生も女子学生もアルコールにはめっぽう強かった。私も日本人としては酒豪の方だったが、当時のロシア人女学生は、私よりも多く飲んでも乱れることがなかった。私たちの仲間は、陽気で仲が良かった。母校の大学教員で個人的にも世話になったH助教授がモスクワに出張してきた際、私は同氏をこの寄宿舎に招待して学生パーティーを経験してもらった。国際関係専門のH助教授は、米ソ冷戦下のモスクワ大学寄宿舎内でロシア人学生と親しくする機会があるとは予想してもおらず、大変喜んでくれた。H助教授は、日本でも女子大生とダンスをしたことはないと言い訳をしつつ、ロシア人女子学生とダンスを楽しんでいった。

寄宿舎には多くのエレベーターがあったが朝夕など〝ラッシュ時〟の混雑ぶりはひどかった。初めの頃、1階のエレベーター・ホールで、学生たちが「ヴィシェ」、「ニージェ」と叫び声を上げる様子を見て、奇異に思った。〝ヴィシェ〟とは「上に」、〝ニージェ〟とは「下に」の意味である。やがて、10階を基準に、エレベーター・ホールで待っている学生たちの声の大きい方が、10階までを各階止まりにするか、10階まで素通りするかを決める、という慣習のあることがわかった。

上層階に居住する学生たちは、エレベーター乗降に際しては、常にイライラしていた。レディー・ファーストなどは考慮もされず、女子学生は乱暴な男子学生に対して怒りを爆発させていた。私のような小柄の日本人は、彼女たちとエレベーターで一緒になると、こちらの方が圧迫され、ロシアの女子学生も相当乱暴であると思ったことが何度かあった。ともかく荒々しい世界だった。

私と相部屋だった後述の大学院生の話によれば、あるときエレベーターが着くことを察知した一人の学生が、「ちょっと待てー！」と叫びながら廊下を駆け、開いたドアに跳びこんだところ、そこにエレベーターはなかったそうだ。ソ連では機械、設備の不具合がよく起こっていた。誰かがボタンを押したわけではなく、ドアが勝手に開いてしまったようだ。気の毒なことに、この学生は、絶叫を上げながら落下して即死したそうだ。このような事故は日本では起こり得ないことだった。

4　四季の移り変わり

黄金の秋

私がモスクワ大学寄宿舎で過ごしたのは、1966年8月末より67年6月末までの9か月間だった。短期間だったが、ロシア人学生たちとともに、四季の移り変わりを楽しむことができた。

モスクワの四季は、東京の四季に比較して、幾つかの点で大きく異なっていた。最大の違いは、日照時間であり、冬はすぐに日が沈み、夏は明るい時間が長く続いた。また、湿度も大きく異なり、モスクワは乾燥している期間の方がだいぶ長かった。

私が寄宿舎に入居した頃はまだ暑い夏だったが、9月に入ると温度が下がり始め、数少ない落葉樹は、黄色に色づいた。針葉樹の緑と落葉樹の黄色の組み合わせは、きれいだった。ロシア語でザラタイヤ・オセニ（黄金の秋）と呼ばれていた。大学キャンパス内や、近くの外国賓客用ダーチャ（別荘）辺りを散策して、短い秋を楽しんだ。

ロシア人学生の忠告に従い、早めに冬用の毛皮の外套、ウシャンカ（耳当てのあるロシア帽）、毛皮の手袋、裏側が毛皮のブーツなどの防寒具を買った。これらの品々は市内の一般の店でも購入可能だったが、店員のサービスは悪く、しばしば不愉快な気持ちにさせられた。また、カウンターで1品ごとに商品を選び、注文書を持ってカッサ（レジのこと）に行って、現金で支払い、それと交換に渡される支払い証明書を受け取り、再びカウンターに戻って商品を受け取るというように、気の遠くなるほど時間がかかった。私は「赤の広場」にあるロシア帝国時代からの百貨店（グム）には行かず、外貨ショップに赴いて、短時間で冬支度を終えた。

10月に入ると温度は急速に低下してきた。日差しも日に日に短くなり、レーニン丘周辺の風景は陰鬱になってきた。11月7日の革命記念日が近づいてくると、大学正面の広場では、軍事パレードに参加予定の「赤軍」部隊による分列行進の訓練が始まった。私は大学正面の階段まで足を運んで、その様子を見学した。いまの時代まで続く、顎を上げて指揮官の前を通り過ぎる兵士たちは、得意げだった。彼らはいかにも誇り高き軍人のような顔つきを見せていた。

一方、寄宿舎に戻って個室の窓を開けて階下の訓練の様子を見ると、印象は異なった。ロシア兵たちの行進は、いい加減なものだった。式台の前後では総指揮官にきちんと顔を向け、捧げ銃をして分列行進するものの、総指揮官の死角となる場所に入ると、途端に列を乱す。上から見える兵士たちの列は、勇ましく行進する中央部を除き、右も左もぐにゃぐにゃと蛇行していた。そこでは兵士たちは銃をだらしなく抱え、無様な姿を露呈していた。こうしたロシア兵士のいい加減さは、厳しい政治環境の下で生き残るため、自然に身に着いたロシア人一般の特徴を示しているように思えた。

寄宿舎生活を通じて、私はロシア人の〝大味〟のところを随所で見た。日本人のような繊細さを持ち合わせず、矛盾を矛盾として感じない人たちだ。陽気で親切な人間が、同時に、陰気でずるがしこい気質を持ち合わせているといった具合だった。恋愛と言っても、日本の平安時代のようなきめ細やかな感情ではなく、大きな体を使って大仰に振る舞う姿には、辟易するところがあった。レフ・トルストイの描いたロシア帝国時代の貴族の恋（例えば、『アンナ・カレーニナ』）は、日本人が心に描くロマンチックな恋とは違って、格闘技のようなものだったのかもしれない。寄宿舎生活を通じて、日本人の尺度でロシア人を測ってはならないことを学んでいった。

長い冬

冬の到来とともに、大学生は室内中心の生活を送り始める。単調な生活に彩を与えるため、私は週末にはよく市内のベリョスカに行って食材を購入し、寄宿舎でパーティーを開いた。彼ら、彼女たちは私にへつらう様子など全く示さなかった。さしずめ〝資本家〟は〝労働者〟を助けるべきであるとの信念で固まっていたのだろう。いずれにせよ、私も不快感を持つことなく、仲良く長い冬を過ごした。寄宿舎の部屋にいると、入れ代わり立ち代わりやって来る学生の応対で忙しいほどで、正に活きたロシア語を毎日学んでいた。ロンドン大学のように孤独感を持つようなことは、全くなかった。

前述のように、当時の学生たちの食生活は、貧弱かつ単調だった。種類の少ないおかずを、黙々と口に運んでいた学生たちにとって、週末の寄宿舎パーティーは大きな喜びだった。あるとき男子学生から妙なリクエストがあった。それはラード（豚や牛の脂肪部分）の購入だった。女子学生がキッチンで調理している間、男子学生は寒風が吹きつけてくる個室の窓を開け、そのラードを外枠に置いておく。パーティーが始まる頃、それを部屋の中に入れて、塩をかけて前菜代わりに食するのだ。表面は凍っているが、中身はぬるぬるしたままのこの不気味な前菜は、日本人には到底口にできない代物だった。ロシア人学生はこれこそ冬の名物であると言って、おいしそうに食べるのだ。私は、一口かじっただけで気分が悪くなり、慌ててウオッカを飲んで口直しをしたものだ。ロシア人の生存能力、ロシア人の底力には、驚嘆するしかない。

西暦のクリスマスが近付いてきた頃、私の部屋に立ち寄った文学部所属のターニャに、ロシア正教会の礼拝儀式に参列してみたいと頼んだことがある（ロシア正教は、旧暦を使用し、クリスマスは西暦の1月7日に祝う）。戦争中に東京の家を焼かれた私たち家族は、戦後鎌倉市材木座に移住し、近所の人たちと合唱団を立ち上げ、讃美歌や日本民謡などを歌っていた。私は、キリスト教信者ではないが、ときどき鎌倉教会に足を運んでいたこともあって、ロシア正教の礼拝に関心を持った。ターニャは、ちょっと困った顔をしたが、男友達のサーシャと相談してみると答えた。ロシア正教がプーチン大統領に積極的に利用されているいまとは大きく異なり、当時はソ連共産党当局が教会を厳しく監視していた。教会が反政府、反権力の場にならないよう目を光らせていたのだ。

数日後ターニャは、同じ文学部の同僚サーシャとともに、私をモスクワ市内の小さな教会に案内してくれた。夜の暗い細道の裏に、その教会は立っていた。教会に近づくと、サーシャは「老人が教会に行くことは自由だが、若者たちには信教の自由がない。〝Khi-ro-si〟(注:ロシア人が私のファースト・ネームの「宏」を発音すると、このように聞こえる)は、教会に入ったならば、黙って静かにしていてほしい、外国人を連れてきたと誰かに怪しまれたならば、自分たちは大学から追い出されるかもしれない」と述べた。

教会内は高齢の女性であふれていた。礼拝は立ったままで行われる。司祭のリードによって参列者が追唱する祈祷は、自然のうちに2重唱か3重唱になる独特のハーモニーを醸し出す。聖歌の美しさ、彼女たちの信心深さに感銘した。外は非常に寒かったが、厚い外套をまとってすし詰め状態で立っている信者たちの体温で、教会内部は暖かくなり、水蒸気さえ立ち込めていた。そこはソビエト社会とは異なる別世界だった。

後に私は、モスクワ郊外ザゴルスクのロシア正教総本山で、礼拝に参列したことがある。地響きするような低音に支えられた司祭たちの低い声と女性信者の地声がミックスし、荘厳な雰囲気の下で進められたロシア正教の祈祷の儀式は、人の心を揺さぶるものだった。参列者には自然のうちに喜びの気持ちが沸き上がる。ザゴルスク大聖堂は、ソ連当局が宗教の自由を認めていることを内外に宣伝する場でもあり、毎日行われる礼拝には、多数の外国人観光客が集まった。結局、ソ連共産党の厳しい統制をもってしても、ロシア人の厚い宗教心を否定し去ることはできなかったというわけだ。ロシア正教は冷戦時代を見事に生き残り、いまではプーチン大統領の庇護の下で、ロシア帝国時代と同様に独裁政治の先兵役を務めている。

冬のモスクワの生活は独特だ。寄宿舎内はワイシャツ1枚でも暑くなるほど暖房が効いていた。湿気はほとんどなく、頻繁に強力な静電気が発生する。不用意に素手で鉄製のドアノブに触れると、〝感電〟した。夜中に暗い場所でセーターを脱ぐと、バリバリっと音を立て、静電気が青白く発生する。私は、部屋の暑さから逃れ、涼を求めて、雪の降り積もった白樺林をよく散歩した。ロシア人は、寒い冬に外に出て、アイスクリームを食べるのが好きだ。私も学生たちと雪の中を散歩してはアイスクリームをほおばった。

教会訪問後、サーシャは、寄宿舎の私の部屋をときどき訪れてくるようになった。文学部でプーシュキンについて勉強していた彼は非常に用心深く、当局に目を付けられることを極度に警戒していた。雪の積もったレーニン丘の散歩に何度か彼を誘ったことがある。彼は、誰に気遣いをすることなく自由に話ができると喜んでいた。だいぶ親しくなった頃、私の周りに集まってくるロシア人学生には注意した方がよい、彼らの中には〝Khi-ro-si〟を監視している学生がいるはずだと述べた。私がモスクワ大学留学期間を終えようとしていたとき、「ソ連の体制には問題があるが、自分は愛国者だ」とボソッとした声で呟いていたことが記憶に残っている。

モスクワの冬の風物詩の一つは、幼児が保育士に連れられて、雪のモスクワを歩く姿だ。大人の防寒具のミニチュア版を身に着け、雪に足を取られても怪我しないよう着ぐるみで歩く様子は、何とも言えないほどほほえましかった。ペンギンのお通りのようにヨチヨチと歩く可愛い子供たちと大柄で荒っぽい大人のロシア人たちは、どうしても結びつかなかった。

1月のある日、寄宿舎パーティーによく顔を出していた一人の学生は、「〝Khi-ro-si〟にロシア人家庭の雰囲気を経験させてあげよう」と言って、市内に住む親せきのアパートの夕食会に案内してくれた。10人ほどが集まった。私は、シャンペンを土産に持っていった。テーブルは手作りのロシア料理やワイン、ウオッカなどであふれ、宴会は大いに盛り上がった。ところが、宴も終わりに近づいた頃、妙なことが起こった。私のズボンの尻のポケットに入れておいた財布が、いつの間にか消えていた。テーブルの下にでも落ちたのだろうと思って、かがんで床やテーブルの下を探し始めた。ところが見つからない。客たちは私の姿を見て、けげんな顔をしていたが、やがて大騒ぎになった。

和気あいあいとしていた宴会の雰囲気は一変した。アルコールの勢いもあって、客の間で、罵り合いが始まった。友人は困った顔をしていた。私は、トイレに行って、冷静になるように努めた。テーブルに戻り、迷惑を掛けている旨を詫びつつ、「財布の中の外貨などのことは気にしていない。ただ、財布には私がモスクワ大学の聴講生であることを示す学生証が入っている。そこには私が日本外務省から派遣されていることを示す記述もある。もしも一般のロシア人がその学生証を持っていることが当局にわかったら、トラブルになることを恐れている」と述べた。

実は私は、客の誰かが財布を隠し持っているに違いないと感じていた。私の説明を聞いて、女性客の中には悲鳴を上げる人もいた。恥ずかしい次第だが、私は生来図太いところがあり、客同士の責任のなすりつけ合いの状況を平然と見ていた。しばらく後で、客の一人が「財布ならばテーブルの下にあるではないか。よく探した上で発言しろ」と私に言った。正にマジックショーだった。白けた感じで、パーティーは解散となった。

おそらく客の一人が、出来心で、不用意に私が床に落とした財布をねこばばしようとしたのだろう。真相はわからないが、後味の悪い出来事だった。

雪が溶け始める頃、一時期モスクワは一転して汚くなる。テレビで報道される3月のウクライナ東部戦線と同じように、道路はぬかるみ、散歩を楽しむことはできなくなる。また、学業は忙しくなり、週末私の部屋でパーティーを開く回数も少なくなった。それに代わって学生たちは、三々五々顔を出しては、私の部屋でロシア式の紅茶を飲みながらいろいろ雑談していった。彼ら、彼女たちは、ロシア帝国時代からの伝統であるアネクドート（政治風刺の小話）を使って、巧みに当局批判をしていた。例えば、古典的な政治アネクドートの一つは、「共産主義は地平線のようなものだ。近づこうとすればするほど、遠ざかっていく」といったものだ。新しいネタを仕入れては、披露し合って、笑い転げていた。

私と同部屋の大学院生ムダリスは、ソ連邦の一部であるタタール自治共和国出身だった。30代の彼は、学位を習得し、故郷に戻って高等教育期間で教鞭を取るために勉強していた。ある日、モンゴル国からの留学生（B・M）が私の個室に立ち寄った。B・Mは私と同じ歴史学部に属しており、父親はモンゴル政府の経済関係の有力者だった。B・Mは、東欧から来た同様の境遇にある留学生たちと仲間を作っていて、学業に励むよりも、仲間同士で楽しく毎日を過ごしていた。

私は、この2人と部屋でお茶を飲んだことがあった。何かのきっかけで、話題が「タタールのくびき」になった。B・Mは、タタール（韃靼）人は極めて好戦的で、ロシア人に対して数々の残虐行為をしたとして、タタール批判を展開した。ムダリスも負けておらず、モンゴルはまず韃靼を侵略し、奴隷として捕らえた韃靼の兵士を先頭に立てて、ロシアを襲った、背後から蒙古兵に追い立てられ、逃げようとすれば容赦なく殺された韃靼兵は、やむなく前線で激しく戦っただけだ、「タタールのくびき」という汚名は、残虐な蒙古が責任転嫁のためにロシア人が生み出した造語である、と言い返した。

やがてムダリスが、タタール人は本来歌が好きな平和的な民族であるとまで言ったことから、B・Mとの間で、大論争になった。これは、言ってみれば、雑談の域を超えるものではなかったが、第2次世界大戦中、スターリン直轄のソ連秘密警察部隊が、ナチ部隊の攻撃に駆り立てるため、ソ連正規軍兵士を背後から銃撃した史実が残っている。また、ウクライナ戦争において、一時期ロシアの民間軍事会社「ワグネル」の「正規兵」は、刑務所上がりの「にわか兵士」を前線に配置し、逃亡兵を背後から銃殺しているとの報道もあった。「ムダリスvsB・M論争」は、生臭いロシアの歴史を背景としており、笑い話ではすまされない気がする。

いまでこそ3月8日は国連の定める国際女性デーとして広く世界に知られるようになったが、当時この日は、ソ連など社会主義圏における女性の祝日として知られていた。モスクワ市内では、男性が女性に花をプレゼントする姿がよく見られた。ソ連における現実の男女平等の在り様は、理想からは相当離れていたが、建前上は、アメリカ社会以上に女性が尊重されていた。

寄宿舎内のロシア人学生たちの男女関係には、驚かされ続けた。例えば平安時代の日本では男女関係は「おおらか」だったと言われる。その言葉にはなにがしかの詩的な響きがあるが、留学当時のロシア人の男女関係は、〝荒々しい〟ものだった。冬が終わりになる頃、ムダリスは、週末の夕方になると、しばしば大学の通用門に足を運んだ。理由はよくわからなかったが、門の外には若い女性たちが多数たむろしていた。ムダリスは壁越しに声をかけ、〝ろは（無料）〟で一夜を過ごす宿泊場所を求める女性を探し出しては、自分の個室に連れ込んだ。ある夜中、そこから女性のすすり泣きが聞こえてきたと思った途端、平手で顔を打つ音が聞こえた。驚いた私は女性を救出しようと思って、ベッドから立ち上がったが、ほどなく静かになったので、ベッドに戻った。

翌朝洗面所で顔を合わせたその女性から、ニコニコしながら「ドーブロエ・ウトロ」（おはようございます）と挨拶されて驚いた。後刻、ムダリスは、「女性は叩かれることが好きだ。言うことを聞かないときは、ほほを叩けばよい。女性は喜んで素直になる」と豪語した。何がタタール人は歌を愛する平和な民族か、とあきれ返った次第だ。春休み、本国からムダリスの妻が寄宿舎を訪ねてきた。ムダリスは、私から秘密が漏らされるのではないかと戦々恐々としていた。私は、隣の個室で数日間を過ごしていった彼の妻に対し、礼儀正しく接した。ムダリスはと言えば、まるで飼い猫のように、妻の前で小さく丸くなり、学生食堂でも、かいがいしく妻の世話をしていた。しかし、妻は何かを感じたらしい。その後ほどなく、ムダリスは生まれ故郷に〝連れ戻され〟、その後私との音信を断った。

私は、公共交通機関を使ってレーニン丘と都心の歴史学部の間を行き来していた。モスクワの地下鉄は地上からかなり深いところにあり、中心部のいくつかの駅は大理石などで壁が装飾された壮大な造りであった。ラッシュアワーには、大勢の利用者が一挙に集まってくる。特に着膨れた状態になる冬季には、車内の混雑ぶりは並大抵ではない。ところが、当時東京都心の国鉄各駅でよく見られたように、駅員が列を乱さないよう拡声器で利用客に注意したり、乗客を車内に押し込めたりすることはなかった。私はロシア人と比較してだいぶ小柄であったので、すし詰め状態の下でも、安全に乗降することができていた。

プラットフォームが混んでいても、人の流れに身を任せておれば、楽に車内に入ることができた。車内は息苦しいほど密だったが、降車に当たって心配することはなかった。次の停車駅についての放送が車内に流れる頃、乗降口から遠いところにいる客から、「ナ　スレードユシチエイ、ヴィホーディチェ?」と声掛けが始まった。最初は何のことかわからなかった。声を掛けられた人が「ニエット」と答えては道を開け、また、「ダー」と答えた人は、自分より乗降口に近い人に同じ質問をして、降りる人たちが円滑にプラットフォームに出て行く姿に、やがて気が付いた。つまり、「次の駅で降りますか?」と声を掛け合って、降りる人たちが出口に近いところに動いていく共同動作だった。日本のように黙っておいてドアが開くと強引に後ろから出ようとする習慣より、よほど文明的な感じがした。

ロシア人は大柄で粗暴にも見えるが、日本人と比べれば公共機関内のマナーは良かった。若者たちが高齢者に席を譲る姿は、ごく普通に見られた。それに引き換え、混雑した電車の優先席に平然と座る日本の若者たちの姿は醜い。

ソ連の慣習を知らなかったため、私はモスクワ市民に対して無礼を働いたことがある。食料品店のカッサで支払いをするために列に並んでいたとき、後ろから乱暴に私の前に割り込んできた50~60歳の男性がいたので、「何ですか!」と注意したところ、相手は「インヴァリード(勤務不能者の意味)」と述べて、堂々と支払いをし始めた。外見では全く健常者と変わりがなかったので、私は「ロシア人は礼儀を知らない」とブツブツと独り言をつぶやいたところ、その人は何やら赤い身分証明書を私に見せた。怪訝な様子を示した私に対し、後列にいた女性は「この方は名誉勲章を授与された退役軍人であり、優先権を持っている」と説明してくれた。日本ではなじみのない習わしであり、大いに戸惑った。決して境遇が良いとは言えない、ソ連の退役軍人に対する数少ない特典の一つだったのだろう。悪いことをした。

5月9日は対独戦勝記念日である。この日「赤の広場」では軍事パレードが行われ、引き続いて、退役軍人や労働組合、その他多くの民間諸団体、市民グループもパレードに参加した。1週間ほど前から、モスクワ大学の正門前では、また、分列行進の練習が行われた。当時の対独戦勝記念日の軍事パレードは、11月7日の革命記念日パレードに比べて地味だった。また、軍人たちの正装も今日のように派手なものではなかった。市民グループたちは旗手だけ訓練に参加した。兵士たちは、革命記念日パレード訓練と異なり、後ろから市民たちが行進するためか、真剣に訓練に臨んでいた。日本社会について、よく〝本音と建前〟が異なると言われるが、ロシア兵士たちの建前と現実の差異は、日本以上に顕著だった。

モスクワ大学寄宿舎には東ドイツからの留学生もかなり多く住んでいた。私の部屋に出入りしていた3～4人の留学生に対して「5月9日は居心地が悪くなかったか?」と尋ねたところ、「ナチスは東ドイツ国民とソ連国民共通の敵だった」と平然と答えた。彼らは、休日としてその日を歓迎するだけで、対独戦勝記念の意義について語ろうとはしなかった。ティータイムの話題にもならなかった。社会主義圏からの留学生は、ロシア人学生以上に、政治外交問題を話題にすることを避けていた。

対独戦勝記念日を過ぎるとモスクワは急速に暖かくなる。大学周辺の新緑は淡く、美しかった。学生たちは、いそいそと戸外に出て、散策し始めた。長い冬の終わりと間もなく夏が来る期待感に、学生たちの顔は明るくなった。

当時モスクワ大学の寄宿舎には、日本からの留学生が5人ほどいた。私ども2人の外務省語学研修生以外は、大学の教師たちだった。お互いに学部が異なっていたこともあり、日頃お互いは付き合っていなかった。モスクワ大学は､事務局から担当者1人を付けて､私たちをレニングラード（いまのサンクトペテルブルク）およびバルト3国旅行に招待してくれた。すべて列車による旅行だった。

モスクワからレニングラードまで、前述した「赤い矢」と呼ばれる夜行列車に乗った。名前とは裏腹に、列車内で1泊して翌朝にレニングラードに到着するノロノロ運転だった。私たちは、トルストイの『アンナ・カレーニナ』の世界を垣間見る経験をした次第である。レニングラードは、広大でロシア伝統の重苦しさとは異なる西欧風の街並みだった。但し、現在のサンクトペテルブルクのように、きれいに化粧はされていなかった。ピョートル大帝が、ヨーロッパ列強に対してロシアの国力を誇示するために造った首都だけに、西洋の都市に似ていて、私には魅力的に映らなかった。

ネヴァ川のほとりはドフトエフスキーの世界である。冬のネヴァ川のほとりは、『罪と罰』の雰囲気に満ちている。一方、夏季のネヴァ川は、大学在学中に『白夜』を読んだときに私が感じた「ロマンチックな雰囲気」とは異なっていた。「白夜とは、結局昼が長いだけ」ではないかと、はなはだ散文的な思いをしたことを覚えている。

レニングラードからバルト3国への列車旅行はユニークなものだった。当時バルト3国はソ連邦の構成共和国であり、バルト海沿岸には、リトアニア南隣のカリーニングラード（いまでもロシアの飛び地）にあるミサイル基地など軍事基地が多く、3国間の首都を直接的に結ぶ公共交通機関はなかった。私たちは、レニングラードとワルシャワを結ぶ本線にいちいち引き返し、改めて3国の首都に向かうという時間のかかる列車旅行を経験した。また、そこで使われていた車両は、「赤い矢」のような〝豪華列車〟ではなく、戦前から戦争にかけて国鉄3等列車で使われていたような列車、あるいは、映画「ひまわり」に出てくるような車両だった。木造の固い座席に長時間座っているのは、正直苦痛だった。

エストニアの首都ターリンとラトビアの首都リガは、当時既に歴史地区に指定されていた。スラブ文化圏とは異なるドイツ騎士団の雰囲気が、よく保たれていた。食事もモスクワに比べて洗練されていて美味しかった。一方、南側にカリーニングラードとポーランドが接するリトアニアの首都ヴィルニュスは、個性的な感じに欠けていた。おそらく当時は古い街並みが十分に修復されておらず、また、私たちは、戦前在カウナス日本領事館領事だった杉原千畝氏のことを承知していなかったことも影響していたと考える。いずれにせよリトアニアは、バルト3国旅行の中では印象の薄いものに終わった。

モスクワ大学に招待されたこの旅行の結果、私はソ連国内旅行に関心を深めた。後年、シベリア鉄道に乗ってモスクワからノヴォシビルスクまで行ったことを含め、ソ連国内の幾つもの都市を訪ねては見聞を深めた。

学生たちの夏

夏が近づくとレーニン丘の淡い緑は急速に濃い緑に変わっていくが、その間に広く見られるのが、トーポリ（こやなぎ）から巻き散る大量の花粉である。まるで雪のように花粉が舞い、道路に花粉の吹き溜まりができた。夏の訪れを示すモスクワの風物詩である。かつてNHK紅白歌合戦で、ある演歌歌手が花吹雪に覆われ、鼻の中に入りそうになったシーンを覚えているが、トーポリ吹雪の中を歩いていると、小さな綿のような花粉が実際に鼻に入ってきて、息苦しくなるほどだった。

幸い私は花粉症持ちではなく、また、周囲の人たちが花粉に苦しんでいる様子もなかった。しかし、いまはどうなっているだろうか？　ちなみに、ロシア語研修が終わり、モスクワの日本大使館勤務を始めた1967年9月、私は、婚約者を日本から呼び寄せて結婚した。彼女（つまり私の妻）は、翌年の6月、このトーポリの舞う中を戸外で歩きまわったためか、花粉症体質に変わってしまった。日本に帰国以来花粉症に悩まされ、老後のいまも続いている。

モスクワ大学正面の庭には芝生が多く、カラッと晴れた日には多くの学生たちが日光浴をした。私も誘われ、ビニール製のシートを敷いて談笑した。当時の学生たちは貧しく、身を飾る服も十分に持っていなかった。彼ら、彼女たちは、身体を焼くために上着を脱いでしまう。若き女性が下着だけで芝生に横たわって男性と談笑する姿は、日本人の私にとっては驚きだった。

ある暑い週末、寄宿舎の友人たちとともに、「レーニン丘」の下にある国立競技場スタジアム

（ルジュニキ）に出かけた。そこでは生ビールが飲めた。おそらくいまの人たちには、当時の「生ビール」の意味することがわからないだろう。通常モスクワでビールと呼ばれていた飲料は、酵母の量が少なく、しかも冷蔵庫で冷やしても味は向上しなかった。それでも安価だったことから、モスクワの人たちは、ぬるいビールを入れたガラス製コップの縁に塩を厚く置いて、飲んでいた。モスクワ留学の前にいたロンドンでも、パブに行って、冷やさないビター・ビアーをよく飲んだが、それに比べてソ連のビールは、いかにも不味かった。

ところが夏の一時期、モスクワでもルジュニキのような広い場所で、本来の生ビールが提供された。学生たちにとって生ビールはかなり高額で、気軽に足を向けることはできなかった。私は2度ほど男女数人の友人を誘って行った。そこでは、定番のゆでたジャガイモだけでなく、ゆでた小エビまで出てきた。確か小エビだけは、追加注文ができない仕組みだった。そのときほど生ビールが美味しいと思ったことはない。友人たちはロシアの友人たちと、大いに飲み、大いに食べて、夏のひと時を楽しんだ。

夏季休暇の時期が近づいてくると、寄宿舎から学生の姿は徐々に少なくなっていった。テストを済ませた学生は、三々五々郷里に戻ったり、夏のラーゲリ（キャンプ）などに行ったりして、寄宿舎から離れていった。社会主義圏からの留学生も、夏季休暇を自国で過ごすのが常だった。

その間、寄宿舎はモスクワを訪れる他の都市からの学生たちの居住場所に変わっていった。

このように余裕のある時間を利用し、私は同僚の外務省ロシア語研修生とともに、国内旅行に出かけた。行き先として、ウクライナとグルジア（現在のジョージア）を選んだ。奇しくも両国ともに後年ロシアの軍事侵攻を受けることになった。

ウクライナでは首都キエフ（ウクライナ語でキーウ）の中央広場（いまのユーロマイダン）近くのホテルに投宿した。当時のキエフの街並みが、かつてキエフ大公国の首都だった面影をどれほど伝えるものであったかはわからなかったが、モスクワに比べて緑が多く、明るい太陽の下で美しく映えていた。我々が同地を訪れた理由の一つは、当時ウクライナがソ連構成共和国であると同時に、国連加盟国の地位を得ていたこともあり、一度訪れてみようと思ったからである。

ソフィア大聖堂などウクライナ正教の教会などを観光して回ったが、当時私は、ロシア正教とウクライナ正教との違いなどについて、何も知らなかった。また、スターリンがウクライナの豊かな穀物を収奪したことから起きた「ホロドモール」（大量虐殺の意味。正確な犠牲者数は不明だが、400万人～1、400万人の餓死者が出たと言われている）のことも知らなかったことから、観光ガイドに質問もしなかった。

いまになって考えてみると、1989年の「ベルリンの壁」崩壊を契機にして独立していった旧ソ連の構成共和国とロシアとの歴史的関係について理解を深める機会を、私は逃してしまったのだ。当時のソ連構成共和国の歴史や時事問題について、なぜ関心を持たなかったのだろうか。折角モスクワ大学歴史学部に通いながら、勉強しなかったことが非常に悔やまれる。

キエフの後、グルジアの首都トビリシを訪れた。私ども2人とも、スターリンの出身地であるグルジアにぜひ行ってみたいと思っていた。トビリシは小さな街であり、異国情緒に溢れていた。当時はスターリン批判が定着していた。私はトビリシに行って、大学時代に読んだミハイル・レールモントフの『ゲロイ・ナッシェヴォ・ヴレーメニ（現代の英雄）』の世界に来たような感じを受けた。

ホテルのレストランで夕食を取っていたところ、突然注文していないワインのボトルがサービスされたので、いぶかしげに思った。するとウエイターがレストランの一角を示し、あの客たちの指示で持ってきたと述べた。テーブルを囲んでいた数人のグルジア人がこちらに手を振った。私どもがお礼を言いに行ったところ、貴方たちは日本から来たのだろう、日本人は大好きだ、グルジアのうまいワイン「ツイナンダーリ」を飲んでほしいと言った。

このとき初めて、モスクワで飲むまずいワインとは異なり、グルジアのワインが格段に美味しいことを知った。ウエイターが、「ツイナンダーリ」はグルジアの高級白ワインであると説明してくれた。後にモスクワの日本大使館で働き始めて、代表的なグルジアの白ワインが「ツイナンダーリ」、赤ワインが「ムクザニ」であることを知った。

私どもは、旅先で知らない人たちから振る舞い酒をご馳走になり、喜んだ。同時になぜ私たちのことが日本人であるとわかったのか、彼らはスパイではなかろうかなどとささやき合った。後にこれは外国人客に対するグルジアの伝統的なもてなし方であることを知り、大変恥ずかしく思った。ともかく、アルコールに弱い相棒を前にして、私はボトル1本を空けてしまった。翌朝ひどい頭痛に悩まされたことも、グルジア旅行の忘れ得ぬ思い出となった。

このようにしてモスクワ大学留学は終わりを迎えた。

第三章 「敵対国」ソ連

1　若き外交官としての第1歩

三木武夫外務大臣の訪ソ

当時外務省上級職の語学研修生に与えられていた身分は、外交官補（アタッシェ）だった。1967年7月中川融（とおる）駐ソ連大使の秘書官として大使館勤務を始めた際、3等書記官に任命された。初の任務は、7月20日から25日までソ連を訪問した三木武夫外務大臣一行の世話だった。大臣夫妻は、モスクワ大学の並びにあるソ連外務省別荘（ダーチャ）に宿泊した。モスクワ大学留学中、付近をよく散歩したが、ダーチャ内に入るのは初めてだった。

私はダーチャ内に設けられた大使館連絡事務室で、熟練の先輩館員たちから指示を受けつつ、ロジ（外務省用語で、兵站を意味するロジスティックスの略語）班の一員を務めた。私にとって三木大臣は雲の上のような存在であり、言葉を交わす機会など全くなかった。垣間見る姿から、大臣は事務方にとっては気難しい政治家のような感じを受けた。

三木大臣のモスクワ滞在中、私はソ連政府要人との会談内容を知り得る立場にはなかった。後日大使館の先輩から概略を説明してもらったところによれば、アレクセイ・コスイギン首相と会談した際、先方から三木大臣に「平和条約に至らない形で、なんらかの『中間的文書』の作成を検討してはどうか」との提案があった。

同席した中川大使は条約局長経験者であり、コスイギン提案には問題があることを察知し、その場で大臣に助言しようとしたところ、大臣から制止されたそうだ。おそらく三木大臣は、「中間的文書」が持つ曖昧さを感じ取ると同時に、この提案が日本への「政治的みやげ」になり得ることを瞬時に理解したのだろう。「バルカン政治家」と呼ばれた政治家三木武夫の面目躍如、とも言えるシーンだった。また、これは、重要な外交交渉で大臣を補佐する事務方の難しさを浮き彫りにするものでもあった。

この後、日ソ両国政府は、何年間かにわたって「中間的文書」を巡る交渉を行った。しかしソ連側は「領土問題は解決済み」との従来の主張を繰り返し、日本側は、「北方領土問題を解決して日ソ平和条約を締結する」との基本的な立場を繰り返すといった平行線を辿った。コスイギンの「中間的文書」提案は、結局「くせ球」だったことが判明し、やがて日ソ平和条約交渉史から姿を消した。

新婚生活

1967年8月末、私は婚約者南子（みなこ）をモスクワに呼び寄せ、9月2日中川大使夫妻に仲人をお願いして挙式した。そしてソ連外務省外交団世話部（ウポデカ）の斡旋で居住先と決めたプロスペクト・ミーラ通りの外交団用アパートで、新婚生活を始めた。当時外交団用アパートには空きが少なかった。この1室にはイスラエル大使館員が住んでいたが、第3次中東戦争（1967年6月5日〜6月10日）の勃発で急遽館員全員が本国に戻ったため、空きができていた。建物の最上階にあったアパートの玄関を開けると広い廊下があり、その横に寝室、台所、浴室が1列に並び、廊下の奥に階段があった。階段を上ると2階は、8角形をした大きな部屋だった。奇妙な形をしたアパートで、使い勝手もよくなかったことから、空いていたのかもしれない。

10月初め、私たちはモスクワ大学留学中に知り合ったロシア人学生や共産圏からの留学生たちをプロスペクト・ミーラ宅に招待した。できるだけ多くの人たちに声をかけたが、招待に応じた学生の半数以上は、東欧諸国からの留学生で、ロシア人学生の数は少なかった。あれほど親しげに私の部屋に顔を出していたジェーニャの姿は、その中になかった。リエナ（シベリアのレナ川と同じキリル文字で、ロシア女性の名前）は、「Khirosi が大学を去った途端、ジェーニャは大学から姿を消した。Khirosi の留学中も、ジェーニャは、ただ大学院生と口にするだけで、所属学部、指導教授などについて話題にはしなかった。おそらくジェーニャは、Khirosi を見張っていたのだろう」と感想を述べた。

また、ターニャは、「サーシャは、修士論文作成に専念している。修士号の取得に支障が出るおそれがあるので、Khirosi のパーティーには行かない。よろしく言ってほしい」と述べた。続いて彼女は、「アパートの敷地に足を踏み入れた際、アパート内庭にある警察官詰め所から警官が出て来て、どこに行くのかと尋問された。気持ちが悪かったが、隠す必要もないので、部屋番号を伝えた」と言った。パーティーが終わりに近づいた頃、私はターニャに危害が及ぶことを心配して、車でかなり離れた地下鉄の駅まで彼女を送っていった。

ターニャを送って帰宅したときには、客はすべて去っていた。その後、このパーティーに出席した人たちは、一人二人と私との接触を避けるようになり、2年後に私が日本に帰任する頃には、モスクワ大学時代の知り合いは誰もいなくなった。

長女の誕生

－自宅設宴－

当時外務省は、在外公館勤務期間中はできる限り自宅に外国人たちを招き、人的交流を深めるよう館員に慫慂(しょうよう)していた。在モスクワ日本大使館は、将来接受国の関係者に対する自宅設宴に早く慣れることが必要だとして、私たちのような駆け出しの外交官に対し、手始めに大使館員を自宅に招待するよう勧めていた。早速妻は、夫が声をかけた館員を夕食に招き始めた。両親の保護の下に長く過ごしてきた妻は、新婚生活を楽しむ余裕もなかったと言えよう。

前述のようにモスクワの食糧事情は悪く、自宅設宴用の食材集めには大変苦労した。私どもは、国営のベリョスカの他、民間の市場（バザール）によく出かけては物色を繰り返した。バザールで買う食品は国営ショップと比較して高かったが、厳冬時でも、ソ連南部の農民が自ら飛行機で運んできた生野菜などを手に入れることができた。新妻は、時間をかけながら、モスクワでの〝上手な〟暮らし方を会得していった。

いまウクライナ戦争が長引き、ロシアへの経済制裁が強化されているが、モスクワの店頭から商品が消えたとの話は聞こえてこない。公営、私営の如何を問わず、おそらく1967年当時とは比較できないほどの多種多様な商品が並べられ、消費者の当面の需要をみたしていることだろう。一般ロシア人たちは、少々の日常生活の不便さには十分耐え得る力を持っている。プーチン大統領は、一般庶民の経済的不満が政治不安につながらないようさまざまな手を打っているようだ。

後年田中真紀子外務大臣時代に、外務省改革の一環として、伝統的な公館長夫人に対する館員夫人の手伝いは廃止され、また、自宅設宴についてもあまり慫慂されなくなった。妻は、若い館員夫人としてこうしたしきたりに疑問を持つこともなかったようだ。反対に、若いときの苦労は、後年館長夫人の立場になったとき、大変役に立ったと言っていた。頭の下がる思いだ。

―長女誕生―

妻がモスクワに来て、まだ十分に街歩きもしていなかったその年の晩秋、身体の不調を訴え、アメリカ大使館にあるクリニックに診察を受けに行った。そこで妊娠していることが告げられた。私たち2人にとっては、全く予期しない事態だった。とりあえず妻は定期的に同クリニック通いをする一方、大使公邸に花を生ける当番やモスクワに長期滞在した日本の漁業代表団への和食提供担当などをこなした。

1968年に入ると在モスクワ日本大使館は、後に「プラハの春」と呼ばれることになったチェコスロヴァキア国内情勢の流動化について、情報収集と情勢分析の任務に追われ始めた。そのような中で、私ども夫婦にとっての最大の問題は、出産場所の決定だった。先輩たちは、近隣のスウェーデンやフィンランドに行ったり、日本に一時帰国したりしていた。私どもは、出産直前までアメリカ大使館クリニックに通い続けること、モスクワの病院で出産することを決定した。出産後は私の母がモスクワに手伝いに来てくれることになった。

妊娠8か月となり、妻は腎臓が悪いと診断され、産婦人科専門医が配置されていなかったアメリカ大使館クリニックでは対応が難しくなってきた。そこでソ連外務省外交団世話部を通じて紹介された産婦人科専門病院に行って診断を受けたところ、即入院と診断された。陣痛微弱のおそれがあるとの診断だった。結局2か月間入院し、7月中旬長女が無事に生まれた。モスクワ生まれに因んで「雪子」と名付けようかと思ったが、寂しい感じがしたので、「幸子」と書いて、「ゆきこ」と読ませることにした。

母の来訪

長女出産の報に接した母は、2か月間の予定で、妻の日常生活を手伝うためにモスクワに来た。ところがロシア語がわからず、近所の買い物にも出られないことから、母は、産後の体力回復がままならない妻に頼って、毎日を過ごすことになった。これは私たちにとって予想しない状況だったし、妻にとっても厳しい日々となった。

朝早くから夜遅くまで大使館で働いていた私は、妻に休養の時間を確保する意味もあって、土曜、日曜日には母をモスクワ見学に連れ出した。母は、俳句と油絵を趣味にしていたこともあり、プーシキン美術館やトレチャコフ美術館見学を大いに楽しんだ。クレムリンに行き、「赤の広場」沿いのソビエト式百貨店（グム）に立ち寄ったときは、「あら、大正時代の東京の百貨店と同じだわ！」と驚くとともに、貧弱な品揃えを見て、「当時の東京よりもモスクワの生活の方がきついようね」と2度驚いた。

ある週末、外国人に開放されたモスクワ郊外の小さな村に母を案内するため、ソ連外務省に事前届を出し、自分の車で出かけた。小さなクレムリン（日本で言えば村のお寺さん）が中央部にあるだけの田舎で、外国人の間にはそれほど人気があるところではなかった。モスクワ郊外の有名なヴラディーミル、スーズダリとは全く異なる、ひなびたロシアの村だった。

秋の日差しの下に静かにたたずむクレムリンの周囲は木立や畑で囲まれていた。車を停めて外に出たところ、たまたま、20～30人の地元の人たちが、畑のあぜ道を歩いているのが遠くに見えた。クラリネットや太鼓が奏でる悲しげな音楽に合わせ、村人は列を作って柩を運んでいた。母は、「戦時中、総社の秦村（はだ）に疎開していたときを思い出すわ。太鼓と鈴の違いはあるけれど、野辺の送りの風情は同じね」と感想を漏らした。このとき母が読んだ俳句は、後日鎌倉の句会で優秀賞を取ったと聞いている。

母が田舎の風景を描きたいと言うので、小さな橋をわたりクレムリンの裏側を回って、川の向こう岸に車を停めた。母は筆箱を開け、葬儀に向かう村人たちが歩いていた辺りのスケッチを始めた。10分ほど経った頃、1台のオートバイに乗った屈強な一人の警官が橋に近づいてきて車を停め、「そこで何をしているのか！」と大声で誰何してきた。母は驚いたが、私は、どうせタバコでもせびりに来たのだろうと思い、「見ればわかるように母が絵を描いているところだ」と答えた。警官は、「その場所で車を停めて絵を描くことは許されていない」と述べたので、ムッとした私は規則通りにこの村まで車で来る許可を得ていることを伝えた。

　この辺りから会話が荒れてきた。警官は「政府が定めているのは、外国人がモスクワ市内からこの村の中心までの公道を走行する許可である。走行許可は村の中心にあるクレムリンまでであり、その裏側を回って川向うに行く許可は与えられていない」と述べた。私が許可内容を記した書面を見せろと言ったところ、相手は真っ赤になって大声を上げ始め、そこから何度か荒っぽいやりとりが続いた。警官の傍若無人な態度に堪忍袋の緒が切れた私は、「この小さな平和的な村で絵を描いている母がどんな秘密を暴こうとしているのか言ってみろ！」と言い返した。鬼検事だった父親譲りの剣幕に、相手もたじろぎを見せた。

　この様子を見て、母は「宏、もう止めて！　早くモスクワに戻りましょう」と言った。私は、母に状況を短く説明し、「こんな不合理に屈することはできない。日本国のためにも最後までスケッチを続けて」と述べた。警官に対し「文句があるなら、ソ連外務省に伝えればよかろう」と言い放った。警官は、憮然としてオートバイを橋の向かい側に持って行き、そこから私たち2人を監視した。30分ほど経った頃、スケッチを終えた母と私は、車でモスクワに引き返すことにした。その警官は、私の車が市内に入るまで、ぴったりと後を付けてきた。アパートに戻ったとき、母は妻に「心臓が止まるほど驚いたわ。でもお父様の怒りに慣れていたから、心を決めて、最後までスケッチを続けたのよ。まあ、明治の女の心意気だわね」と語った。

後日、大使館の先輩から、ソ連外務省の許可は目的地の中心までの公道を車で通過することに対して出されている、ソ連外務省の公文書にその旨が記載されている、との説明を受けた。あの警官は規則通りの対応をしたことになる。先輩は、ある週末、気分が悪くなって公道の傍らに車を停め、近くの茂みにしばらくしゃがみこんでいたところ、パトカーがやってきてすぐに立ち退くよう言われたことがあったそうだ。公道に車を停めることは許可されていないとのことだった。

モスクワ市内から外に出る大きな道には、一定間隔で警官詰め所が建てられていた。先輩の説明では、外交団ナンバーの車が通ると、次の屯所に電話連絡するシステムが出来上がっているそうだ。確かに、気を付けて見れば、警察官の屯所は木の陰など目立たないような場所に設置されていた。

ツァーリ時代に確立した秘密警察体制は、ソ連時代になってさらに強化された。その後ソ連の崩壊とロシア連邦の成立によって、民主化が進むことが一時期期待されたが、KGB出身のヴラディーミル・プーチン大統領の統治が長期化するとともに、その期待は全く消え去った。いまのロシアでは、外国人に対する監視は強化されている。

軍事侵攻の初体験（プラハの春）

1967年、西側諸国は、東側陣営のチェコスロヴァキア社会主義国における政治的不安定の拡大に注目していた。チェコスロヴァキアは、1948年以来の共産党政権による硬直した諸政策によって、特に同国の経済面での停滞が問題とされるようになっていた。チェコスロヴァキア共産党中央委員会第1書記のアントニーン・ノヴォトニーは、国内的に大きな批判にさらされるようになった。1968年1月早々、ノヴォトニーは、共産党中央委員会総会で退任を余儀なくされ、代わってアレクサンデル・ドゥブチェクが第1書記に就任した。

就任直後からドゥブチェク第1書記は、党主導で党改革に乗り出し、同年4月、共産党の「行動綱領」を発出し、「人間の顔をした社会主義」を打ち出した。同年6月には知識階級が「二千語宣言」を発出し、一般国民をも巻き込んで、「プラハの春」と呼ばれる全国的な規模の民主化運動が急速に拡大し、「燎原の火」の様を呈するようになった。ソ連共産党幹部は、チェコスロヴァキアにおけるこの民主化運動が、他の社会主義国に波及することに危機感を深めた。

1968年の夏になった頃、日本大使館を始めモスクワの西側諸国大使館は、いつワルシャワ条約機構軍がチェコスロヴァキアに軍事侵攻するかについて、最大の関心を寄せていた。先輩たちは、ソ連共産党の宣伝新聞『プラヴダ』(「真実」の意味)や『イズヴェスチヤ』(「ニュース」の意味)の紙面を〝眼光紙背に徹す〟意気込みで読み、行間からソ連軍の動向を読み取ろうと努めていた。大使秘書官としての私の仕事は、チェコ情勢をフォローすることではなく、先輩たちの仕事ぶりを敬意の眼で見守っていた。当時、「プラヴダに真実はなく」、「イズヴェスチヤにはニュースがない」と言われていた時代だったこともあり、先輩たちの苦労は大変だった。彼らは、西側諸国の外交官たちと頻繁に情報交換し、事態の進展ぶりをフォローしていた。

いよいよ軍事侵攻の近いことが感じられるようになった8月中旬、日本大使館は外務本省に対し最新の情勢分析を取りまとめて報告することになり、盗聴設備のある特別な会議室で連日会合を進めていた。そして、「常識的に考えるならば、ワルシャワ条約機構軍のチェコ侵攻はない」といった趣旨で終わる公電を本省に打った。ところが翌20日夜、ソ連、ポーランド、ブルガリア、東ドイツ、ハンガリーの5か国からなる20万人ほどのワルシャワ軍がチェコスロヴァキアに侵入し、瞬く間に全土を占領した。

8月21日に開かれた国連安全保障理事会は、ソ連の拒否権によって何の決議もできず、また、NATO(北太平洋条約機構)は、アメリカの〝相互不干渉〟の思惑もあって、「チェコ事件」への積極的な介入を避けた。

翌22日、日本政府は木村内閣官房長官談話を発表し、チェコスロヴァキアの独立と主権を侵害し、国連憲章に違反して軍事侵攻したソ連とその同盟国が、即時無条件に軍事介入を中止し、平和的解決の方途を講じるよう要望した。現在のウクライナ侵略戦争を起こしたロシアを非難する日本政府の立場と類似しているところもあったが、アメリカの動きを勘案したためか、非難声明としては腰が引けていた。

アメリカとソ連は鋭く対立し、西側諸国にとってソ連は、いわば「敵対国」だった。しかしN

ATO諸国は、チェコへの軍事侵攻が世界大戦につながることを恐れていた。ドゥブチェクの政策を支持し、非暴力抵抗を展開したチェコスロヴァキア国民は、やがて西側諸国から見捨てられた。ドゥブチェク第1書記以下チェコスロヴァキア共産党幹部はモスクワに連行された。その後幾つかの経緯を経て、1969年4月ドゥブチェクは、第1書記の座をグスタフ・フサークに譲った。こうして、「プラハの春」は幕を閉じた。同国の民主化は、1989年の「ベルリンの壁」崩壊まで待たなければならなかった。

当時日本政府は、いわゆる共産圏情報、特に軍事機密情報を直接入手する手段を欠いていた。公開情報の分析以外は、友好国からの情報に頼っていた。一方、超大国アメリカといえども、どれほど正確な軍事情報を持っていたかについては、疑問がある。このことは、後年のイラク戦争などの経緯を見ても明らかだ。相手国の真の意図を掴んだり、軍事活動を把握したりすることは、いまでも極めて難しい。ましてやIT技術も発達しておらず、マスコミ報道にも大きな限界があった当時の状況を考慮するならば、日本大使館が、チェコスロヴァキアへの軍事侵攻の時期を予測することができなかったことも、無理のないところだった。

ワルシャワ軍の軍事介入開始後、数日の間、在プラハ日本大使館勤務のチェコ語専門の同僚は、プラハ市内中を歩いて回り、必死になって多くのナマの情報を集めた。大きな不安に包まれていたプラハ市民の様子を報告した一本の公電は、「ヴルタヴァ（モルダウ）川は、きょうもまた静かに流れている」といった趣旨の一文で結ばれていた。日本海海戦の出撃に際し、連合艦隊が大本営に発した電報が「本日天気晴朗なれども波高し」で結ばれていたように、現場にいた者でしか表せない一文は、私の脳裏に焼き付いた。

後日談になるが、モスクワ勤務を終えて帰京して間もなくの頃、私は公務でプラハに出張する機会があり、直接在プラハ大使館の同僚から、当時の模様について説明を受けた。同人は、「少々筆が滑ってしまったが、カレル橋のかかるヴルタヴァ川を観たときの率直な気持ちを電報に入れた」と述べた。私は、「あの大使館電報は名文だった」とコメントし、起案者である同僚の文才を高く評価した。

この同僚は、後年ペンネームで『プラハの春』と題する小説を上梓した。小説なのでフィクション部分も含まれているが、当時のプラハの市民の動きをよく描いている。私も妻も、この本を一気に読み終えた。なお読者は、プラハと言えば、ハプスブルグ時代の美しい街並みを頭に描くだろうが、当時旧市街の修復は進んでおらず、プラハ全体は黒ずんでいて、暗い感じだった。チェコスロヴァキア国民の置かれた当時の状況を象徴しているようだった。

最近改めてチェコスロヴァキア共産党が発出した前述の「行動綱領」に目を通した。そこには「言論や芸術の自由化」を訴える一節があった。おそらくドゥプチェク第1書記は、東側陣営に属していたチェコスロヴァキアには言論の自由も芸術の自由もなく、スターリン時代の延長線に置かれていた同国の変革を望んでいたのだろう。一国の政治体制と文化・芸術との相互関係は、今日でも真剣に考えるべき課題だ。

ワルシャワ条約機構軍に参加したポーランド、ブルガリア、東ドイツ、ハンガリーおよびチェコスロヴァキア（後にチェコとスロヴァキアに分離独立した）は、「ベルリンの壁」崩壊後、それぞれ民主化の道を進み始めた。その後ワルシャワ軍に参加しなかったルーマニア、アルメニアも民主化の道を進み始め、ユーゴスラヴィアは幾つかの国に分離独立した。一方、当時ソ連の修正主義を厳しく批判していた中国は、いまではロシアに友好的な国になっている。

冷戦時代が終了し年月が経つに従って、自由と民主主義へと進んでいく国々と、権威主義、独裁主義に向かう国々との差別化が明らかになりつつある。一見して新たな冷戦が始まったように見えるが、かつての東西冷戦時代のようにイデオロギーが重要視されるわけではなく、各国それぞれが「自国ファースト」で、付いたり離れたりしている。「ガザ」問題が再燃し、国際社会の不透明性はますます高まってきている。新たな国際秩序がどのようなものになるか、よく見守る必要がある。

なお、前記在モスクワ大使館の情勢分析電報にあった「常識的に考える限り」という一文は、常識の通用する国ではないソ連に対する分析基準が甘かったことを物語っている。「タラレバ」の類になるが、せめて「軍事侵攻開始の具体的時期は不明だが、それがいつ行われても不思議ではない」と報告するに止めるべきだったと思う。

中ソ対立

国際情勢が変わりゆくものであることは、第2次世界大戦以降の中国とロシアの関係を見ればよく理解できる。世界大戦中、ソ連共産党の強い指導の下、毛沢東の率いる中国共産党（中共）は、抗日ゲリラ活動を展開していた。大戦終了後、中共は蒋介石中国政権と国内主導権争いを始め、1949年蒋介石グループを台湾に追いやった。同年10月1日毛沢東が北京に政権を樹立し、ここに中華人民共和国が誕生した。その後東西関係が緊張するとともに、長い国境を共有し、相互に異なる文明圏に属していた中国とソ連との関係は、悪化していった。私がモスクワ大学に留学したのは、両国関係の悪化が顕著になっていた頃だった。

中国大使館はモスクワ大学キャンパスの近くにある。大使館の建物はまるで城郭のような感じで、付近を散歩するモスクワ市民の姿も少なかった。モスクワ大学留学中、ロシア人学生たちと中ソ関係について話し合った記憶はない。「マルクス・レーニン主義」を旗印に揚げていた両国が西側陣営と対立していたとき、本来中ソ両国は良好な関係を維持しても不思議ではなかった。しかし長い国境線を隔てた中ソは領土問題で対立し、「マルクス・レーニン主義」の解釈と実践方法において、お互いに「修正主義批判」を浴びせかけていた。

「両雄並び立たず」と考えられた時代が長く続いたが、ソ連が崩壊しウクライナ戦争の勃発やガザ問題の再燃しているいまは、中露両国関係は良好になっている。イデオロギーのくびきを逃れた両国は、自国の国益追求を前面に押し出し、アメリカという「共通の敵」に対するために良好な2国間関係を持つようになった。一方、両国関係の特徴は「便宜主義的友好」であり、将来アメリカとの関係次第では、再び「中露対立」に戻る可能性がある。権威主義国家、強権国家、独裁国家は、基本的に脆弱性を抱えていることは、世界の歴史が示している。

さて中川大使の秘書官としての私の任務は1年で終わり、その後経済班に属することになった。経済班には大蔵省（現・財務省）、通産省（現・経産省）、農林省（現・農林水産省）から出向してきた先輩格の1等書記官たちが、それぞれ親元の関心事を中心に、実務と情勢分析の双方の仕事に携わっていた。私と共にモスクワ大学に留学していた同僚は政務班に属し、主に中ソ関係をフォローしていた。私の場合は、外務省試験上級職試験上がりの初めての職員として経済班に配属された経緯があることから、他省の先輩たちは私の取り扱いに苦労したようだ。

取り敢えず、シベリア経済をフォローするように言われた私は、プラヴダやイズヴェスチヤを読むだけでは手持ち無沙汰になり、レーニン図書館に赴いてロシア社会主義共和国（最大のソ連邦構成共和国で、現在のロシア連邦のこと）の東側地域と西側地域間の人口動態を調査し始めた。統計を見ていると、欧州部からシベリア・極東部への人口の流れよりも、シベリア、極東部、特に極東部から欧州部への人口流出の方が大きいことがわかった。日本としては、シベリア開発の夢にあまり惑わされない方が得策だと思った。

そのような折、極東の中ソ国境情勢が緊迫化し、１９６９年3月ウスリー江のダマンスキー島

（中国名：珍宝島）で大規模な軍事衝突が起きた。世界の国境紛争史に残る事件だった。プラウダは間接的な表現ながら、中国への核攻撃を示唆し、毛沢東は中国全土に核シェルターの建設を命じた。ソ連は、キューバ危機に続いて、再び核兵器の脅しをした。こうしてみれば、プーチン大統領のウクライナに対する戦術核兵器使用の脅しは、ソ連時代からの常套手段であることがわかる。

2　本省欧亜局東欧第1課勤務

だ捕された日本漁船員の引き取り

1969年7月私は帰国し、東京で7年間勤務した。初めの2年間は欧亜局東欧第1課（現在のロシア課）に配属された。総務班の末席事務官として、主に日ソ漁業関係事務に携わった。

前述した三木外務大臣訪ソの際、日ソ領事条約の批准書が交換され、北方水域で頻繁に生じていたソ連警備船による日本漁船の拿捕と北方領土に連行された乗組員の身柄引き取りに関する手続きが、同条約の発効によってやっと確立されることになった。私が東欧第1課に配属になって初めて携わったのが、抑留された乗組員の引き取り関連事務だった。

1969年8月9日、北方水域において操業中の14隻の日本漁船がソ連国境警備船に発見された。追跡から逃れようとした14隻のうち、第13福寿丸（16・77トンのイカ釣り漁船）が警備船に衝突され、沈没した。乗組員12人のうち11人が死亡した。在モスクワ大使館は領事条約の規定に従って、再三にわたってソ連外務省に関連情報の提供を求めた。28日になってソ連側は乗組員12人のうち高田新太郎甲板員がナホトカに連行された旨を通報してきた。

根室港に赴いて、海上保安庁の巡視艇に通訳要員として乗り込んだ私は、色丹島まで航行し、湾内に停泊した巡視艇の1室で、高田甲板員の引き渡し事務に立ち会った。甲板員が別室に行った後、海上保安庁側はソ連側官憲を船内食堂に案内し、「懇親会」を開いた。私は事前にこの行事について何の説明も受けておらず、日ソ海上警備の幹部たちが懇親を深めている様子を、憮然として眺めていた。

やがて私も酒を飲み始めた。相当の量を飲んだと思う。酒盛りが終わりに近づいたところで、巡視艇の艦長は、持参したと思われる土産を相手側に手渡した。それを見た私は、ソ連側官憲に向かって「日本の固有領土である色丹島の景色は本当にきれいだ」と述べた。相手は白けた顔をして下船し、ボートで港に帰っていった。

安全操業協定交渉の開始に向けて

北方領土周辺水域における日本漁船の安全操業問題は年々大きくなり、第13福寿丸沈没事件はこれに拍車をかけることになった。政府はソ連側との話し合いを検討せざるを得ない状況になっていった。安全操業の問題は、北方領土問題と深くかかわっていて、取り扱いは微妙だった。

1956年に日ソ両国が平和条約ではなく、共同宣言の締結によって国交を回復した唯一の理由は、北方領土返還について合意できなかったことにある。爾来（じらい）ソ連政府は（またロシア政府も）、硬軟双方の外交工作を織り交ぜて、領土保全に関する確立された国際法の順守ではなく、第2次世界大戦の結果を日本側に押し付けようと試みてきた。つまり、樺太および千島列島にとどまらず、北方4島占領の既成事実化を図ってきているのだ。

日本漁船の安全操業は、領土問題に対する日ソ両国の基本的立場を棚上げするか、あるいは、基本的立場を害しない形で確保する以外に、現実的な解決方法はなかった。つまり実利的な妥協を図るには、日ソ間に〝阿吽の呼吸〟が必要だったが、私が東欧第1課にいた頃はそれもなく、日ソ安全操業問題は膠着状況にあった。

外務省は水産庁と協議しつつ、ソ連政府への提案を検討し、一つの成案を作り上げた。これは日本側の基本的立場を強調した内容であり、ソ連側の同意は期待し難いものだった。この成案の取り扱いを巡って、政府部内でいろいろやり取りがあったが、結局欧亜局長をヘッドとする事務レベル交渉をソ連外務省と行うことになった。私はモスクワ出張の局長に同行し、1971年1月第1回目の交渉に臨んだ。こうして始まった安全操業交渉は、その後25年以上の時が経った1998年、やっと政府間協定として結実した。

北方領土周辺海域の日本漁船の安全操業に関する政府間協定は、毎年政府間で協議を行い、日本漁船の操業状況をレビューした上で、協定の効力の継続を確認するという複雑な枠組みである。政府間枠組みの下で、毎年両国の民間交渉が行われ、日本漁船の漁獲量、漁期、隻数、協力金の支払いなど具体的な操業条件が決められることになった。北方領土を巡る両国の基本的立場を害さずに、日本漁船の安全操業を確保する苦肉の策だった。

この特別な枠組みは、現在のウクライナ戦争の煽りを受けることになった。ウクライナ戦争の勃発と日本政府の対露制裁等との関連で、2023年1月ロシア政府は、2022年までの操業条件が決められていた政府間枠組み協定の効力は継続しないとの立場を日本側に通告してきた。日本政府は遺憾の意を表明した。読者には、現在安全操業の枠組みが動いていない事実と経緯に関心を持っていてほしい。

3 再びモスクワへ

変化した国際情勢

欧亜局東欧第1課、情報文化局国内広報課、行政管理庁出向および本省アジア局中国課と、計7年間を東京で過ごした後、1976年7月、1等書記官としてモスクワの日本大使館に赴任した。このときは政務班に配属された。外務省入省後12年以上が経過していたこともあり、第1回目のモスクワ在勤時に比較し、かなり広い目でソ連の対外政策をフォローし始めるようになった。

国際情勢は第1回目のモスクワ在勤のときと大きく変わり、東西関係は冷戦時代からデタント（緊張緩和）時代に入って数年が経過していた。ヘンリー・キッシンジャー米大統領補佐官の極秘裏の北京訪問、リチャード・ニクソン米大統領の訪中、ヴィリー・ブラント西独首相の就任などを契機にして、米ソ間、西欧東欧間、米中間等で、活発に外交が展開された。日本も小波に乗って、田中角栄総理大臣と大平正芳外務大臣は中国を訪問し、周恩来首相との間で日中国交正常化基本文書に署名し、毛沢東党主席と会談した。

このデタント時代は、１９７９年のソ連軍のアフガニスタン侵攻によって終わり、その後１９８９年の「ベルリンの壁」崩壊まで、再び東西冷戦時代に戻った。このように、国際社会の秩序は、時とともに変化していった。単純化、公式化はできないが、敢えて言うならば、米中、中ソおよび米ソの相互間には、各国を三角形の頂点とすると、一つの辺の2国が共鳴する間柄に入ると他の二辺の国は緊張し、また、一つの辺の2国が緊張関係に入ると他の2国は共鳴する、といった現象がしばしば生じていた。

私の2度目のモスクワ在勤時は、東西関係が緊張緩和する中で、中ソ関係や日ソ関係は基本的には冷えた状態に置かれたままだった。その中で、日中外交官同士の接触はグローバルに行われていた。モスクワでは、日ごろの意見交換・情報交換のほか、年に1回どちらかの大使館主催で、大使館あげての卓球大会や夕食懇談会を開催していた。モスクワは相変わらず食糧事情が悪く、例えばマヤコフスカヤ駅近くのホテル内にあった「北京飯店」の中国料理は、名前と実とが合っていなかった。そのようなこともあって、日本大使館員は中国大使館主催の夕食会を楽しみしていたものだ。中国大使館員の説明によれば、中ソ関係は長い間悪く、大使館員が自由にモスクワ市内を歩き回ることも危険なので、大使館内で野菜を自家栽培しているとのことだった。「流石中国！」と、妙に感心したことを覚えている。

日本大使館員は、西側諸国の大使館員とも頻繁に会って、情報交換に努め、また、親交を深めた。私どもの共通の関心事は、中ソ関係だった。彼らは日本の中国情報を高く評価しており、私どもは在北京大使館や在香港総領事館から寄せられる情報分析の概要を適宜先方に伝え、その見返りとしてソ連関係者が対中関係について持ち合わせている情報分析を入手していた。

日ソ関係

―ベレンコ中尉亡命事件―

モスクワに着任して間もない9月6日、ヴィクトル・ベレンコ中尉の操縦するMIG25ソ連軍迎撃戦闘機が函館空港に強行着陸する事件が起きた。同中尉はアメリカ亡命を望んでいることが判明し、身柄は東京に移送された。その後在京ソ連大使館員がベレンコ中尉と面会し、翻意を促したが、同人はそれに応じず、9日ノースウエスト航空でアメリカに出獄した。

ソ連側はＭＩＧ25戦闘機の即時機体返還を求めてきたが、紆余曲折を経て、在日米軍が機体を分解して検査をした上で、11月15日に日本政府は分解された機体をソ連側に引き渡した。

この事件処理は東京サイドで行われ、モスクワの大使館が実質的な役割を果たすことはなかった。一方、ソ連外務省から連日猛烈な抗議を受け、これが反日デモなどに発展する危険性にも考慮し、この間私どもは非常に緊張した日々を送った。幸い在留邦人に対する危険も生じず、２か月後に事態が鎮静化して、胸をなでおろした。

－日ソ漁業交渉－

当時、国連海洋法条約は、２００海里排他的経済水域をまだ設定していなかった。１９５６年の日ソ国交回復後、両国政府は、北西太平洋水域における伝統的な日本漁船のサケマス漁業の操業条件を決定するため、毎年漁業交渉を行った。他の政治、安全保障などを巡って難しい問題が起きたとしても、この漁業交渉は毎年モスクワで行われていた。モスクワの日本大使館は漁業代表団の後方支援事務に深く携わった。

日ソ漁業交渉は、パターン化された段取りで進められていた。1月末頃から3月まで水産庁担当部員と漁業組合関係者からなる大型の漁業代表団がモスクワに滞在して、次年度のサケマス漁の操業条件についての交渉を行った。初めの1か月間は資源量についての専門家の意見交換、続いて次年度の漁獲量などについての日本側提案の説明が行われた。次年度政府予算概算要求を例にとるならば、ここまでは対主計局事務レベル折衝に似ていた。日ソ間の主張の隔たりが大きく、事務レベルでの交渉妥結が判明した段階で、東京から中川一郎農林大臣がモスクワに出張し、イシコフ漁業大臣と折衝を行って決着するという段取りが出来上がっていた。

人によっては、芝居がかった演出のように思うかもしれない。しかし日本政府にはやむを得ない状況に置かれていた。交渉は毎年日本側に厳しくなる一方で、漁獲量にとどまらず、操業水域、操業期間、操業隻数などについて、年を追うごとに妥結結果は悪化していた。水産庁側としては、国内批判を避けるためにも、事前にメディアに対してソ連側との交渉は厳しくなるだろうとブリーフしておいて、大臣の直接交渉でやっと「この程度譲歩で決着することができた」と釈明する段取りを踏まざるをえなかった。

一方、日本のメディアは、こうした事情を察した上で、ソ連政府の強硬な姿勢を報じていたように思う。ソ連政府の方も、一部のメディアに〝特ダネ〟情報を提供する傾向があった。いまのウクライナ戦争を見れば、ロシア政府がメディアを最大限利用し、フェイクニュースを流す術に長けていることは、明白だ。いずれにせよ、日ソ漁業交渉になると、我々日本政府関係者はソ連側のメディア対策に振り回され、切歯扼腕していたものだった。

さて漁業代表団の長期モスクワ滞在中、大使館側は、積極的に交渉団の後方支援事務に従事した。大使館員夫人たちも〝おもてなし〟として週末にすき焼きなどを用意した。大使館員にとっての大きな楽しみは、漁業代表団が日本から持参してきた生鮮野菜の土産だった。中でも白菜は大好評で、代表団は「これほど安い価格で購入し、これほど高い航空運賃を払う土産物はない」とよく言っていた。交渉の最終段階で農林大臣が持ってきてくれる土産物は、特に質の良いものだった。

長期滞在する漁業代表団にとって、気を紛らわせる行事に乏しいモスクワで、いかにして週末の2日間を過ごすかは、大きな課題だった。大使館は週末の代表団の無聊（ぶりょう）を慰めるため、大使館事務所のレクリエーション・ルームや、モスクワ郊外「銀の森」の大使館のダーチャ（あまり上等ではない木造の別荘）にしばしば案内した。館員も一緒になって、卓球をしたり、麻雀をしたりして過ごした。団員がダーチャ内の一角で楽しんでいる間、鈴木善幸農林大臣が暖炉の前のソファーに座り、腕組みをして黙って時を過ごしていた姿は、いまでも忘れられない。

厳しい漁業交渉の後、在モスクワ日本大使館は、ソ連漁業省および外務省の幹部をレストランに招待し、懇親会を開催した。鈴木善幸農林大臣が最終的取りまとめに尽力したときの交渉は、殊に厳しかったことも反映したのか、大使館側のホストが大使ではなかったにもかかわらず、ソ連側からはイシコフ漁業大臣が主賓として出席した。宴席は盛り上がった。かつて東欧1課の事務官として色丹島に抑留漁船員を引き取りに行った際に経験した〝違和感〟は、このとき既に私から消え去っていた。

モスクワ生活の新たな過ごし方
―公務と家族生活の両立―

第1回目のモスクワ勤務を終えて本省勤務になって間もなく、次女文子（あやこ）が生まれた。妻は、夜遅くまで役所で働く夫を見守りつつ、子供の養育など私生活を切り盛りしていた。東京における外交官の生活ぶりは、一般サラリーマンと変わりがなかった。ところが、第2回目のモスクワ大使館勤務になると、妻を巡る環境は一変した。

時差の関係や任務の性格上、私は、本省勤務のときと同じように夜遅くまで大使館で執務していた。妻は、子育てや食事の用意などの日常生活に加えて、第1回目のモスクワ在勤時よりも、夫とともに従事する外交活動が忙しくなった。

欧米では社交は配偶者同伴が基本であり、モスクワでも、妻が私とともに社交行事に出る機会は多くあった。重光晶（あきら）駐ソ連大使夫人の綾子さんは、芸術愛好家だった。特に音楽と花に対する知見が豊かだった。彼女はソプラノのセミプロで、モスクワ音楽院・コンセルヴァトーリアの教授から定期的レッスンを受けていた。また、花の名前はすべてラテン語の学名で覚えていた。ソ連の音楽家や植物学者との親交は深く、大使館の行う文化交流については、大使よりも重要な役割を果たしていたと言えよう。

いまでは、夫婦関係においても、個々人の生き方が最大限尊重される時代だ。しかし当時外務省では夫婦一体での対応が基本とされ、在外勤務の際の妻の負担は重かった。週末、妻は十分に睡眠を取ること望んだが、娘たちの世話でそれも許されないことが多かった。それでも妻は元気に家庭と公的手伝いを両立させていた。読者の中には、なぜ主婦がそこまで夫の公務を助けなければならないのか、と疑問を持つ人もいることだろう。モスクワで結婚し、大使館勤務の特徴を既に承知していた妻は、第2回目のモスクワ勤務では、ベテラン館員夫人の一人として、進んで手伝いを受け入れ、他の館員夫人とともに働くことに喜びを感じていた。モスクワ生活には制約が多かったこともあって、館員夫人たちにはいわば同志としての意識が強く、仲良く助け合っていた。

－知恵と才覚が物言う食料調達－

ソ連国内の政治経済状況は7年前とあまり変わりがなく、ソ連社会は停滞していた。モスクワに見るロシア人の食糧事情は、相変わらず厳しかった。一方、ベリョスカの店舗数は増え、そこの商品の品揃えも良くなり、肉類、魚類、生鮮食品など生活必需品の多くは、モスクワでの調達が可能となった。いつでも購入できる生鮮野菜がトマト、きゅうり、ジャガイモなどに限られていたとしても、モスクワの日常生活はだいぶ楽になった。

バザールに並ぶ生鮮野菜や果物の種類は増えていた。特にグリブイ（きのこ類）の品数は多く、私たちの食卓をにぎわせた。一方、ベリョスカで売られている野菜に比べてかなり高価であり、しかも果物類は不揃いで、リンゴ、ナシ、イチゴなど、日本などでは売り物にならないようなものが混在していた。肉類、魚類は相変わらず買う気が起こらなかった。妻は外貨ショップよりも珍しいものがあると言って、時間をかけてバザールでの買い物を楽しんでいた。

食料調達についての大使館夫人連絡網はよく機能していた。マグロがどこそこのオケアン店（魚類を扱う国営ショップ）に出たと連絡があれば、車で飛んで行って買った。おいしい、おいしいと言って食べたものの、思い出してみれば、東京勤務中に食していたマグロとは相当異なっていた。私が当時の冷凍マグロにケチをつけると、妻はいまでも「マグロは貴重品だった」とたしなめる。最近の私は、東京の食糧事情の良さに慣れ過ぎてしまっているようだ。

第1回目のモスクワ在勤時にプロスペクト・ミーラのアパートで一緒だったM電信官夫妻とは、今回も大使館勤務を同じくした。同夫人のアドバイスを受け、着任後まもなくの頃、週末になるとレーニン丘の一角にある雑草に覆われた斜面に行き、家族総出でフキを取った。幾つもの大きなゴミ袋を持って行って、太めの茎のフキを刈り取った。妻は、持って帰ったフキをよく洗浄し、煮物にして冷凍しておき、冬季に取り出して野菜不足を補った。

このような食料事情の下で自宅設宴するには、知恵と工夫が必要だった。外交団の人たちは、私たちが和食を供することを期待していた。妻は、日本から持ってきた味噌や芋粉と〝にがり〟を混ぜて作ったコンニャク、バザールで買ったキャベツ、緑の野菜、グリブイ、卵、大使夫人の才覚でオスタンキノ植物園関係者を通じて手に入れた白菜などに、夏に作っておいたフキの煮物を加え、和食を用意した。

第2回目のモスクワ勤務の後、ニュージーランド、マレーシア、イギリスと私が各国の日本大使館員として勤務を続ける間に、妻の手料理の腕は相当なものとなった。これらの経験は、ワシントン、シンガポールおよびウイーンで、コックや公邸従業員とチームを組んで公邸設宴をする際に、大いに役立った。かつて鉄壁のように思われていた館長夫人を長とする館員夫人に対する規律は、既になくなって久しくなる。妻は、昔のこの風習を必ずしも否定的に捉えず、若いときに館長夫人心得を学べたことをいまでも感謝している。

―子育ての苦楽―

1976年7月にモスクワに着任したとき、モスクワ生まれの長女はちょうど9歳になったばかりで、次女は6歳半だった。9月に長女はモスクワにある日本人学校に入学した。就学年齢に達していなかった次女については、クトウーゾフスキー通りの外交団用アパートに隣接するロシア人用アパートの一角にあった一般幼稚園に入れることにした。日本では喜んで幼稚園に通っていたこともあり、言葉はわからなかったが、同年齢のロシア人との間で半日を過ごすことを嫌がる気配はなかった。

ところが、実際に次女がソ連の幼稚園に通い始めてみたところ、彼女はなかなか慣れようとせず、妻が嫌がる彼女の手を引っ張って幼稚園に送り届ける日が続いた。ある日、妻があまりにもむずかる次女の様子を不思議に思って、なぜロシア人と一緒になって遊ぶのが嫌なのか聞いてみた。その結果幼稚園の女性教師（公務員）が、ロシア語が上達しない次女に業を煮やして、遂にロシア人の子供たちから引き離し、彼女を部屋の片隅に一人で座らせてしまったことがわかった。

憤慨した妻と次女を連れて、私は翌日幼稚園を訪れ、丁重に教師に娘をロシア人の子供たちと平等に扱ってほしいと頼んだ。ところが、その教師は、外国人に非難されたと思ったのか、私たちに対し「文子のおかげでロシアの子供に必要な教育を施すことができない」と逆に苦情を述べ始めた。自分の誤りを認めず、却って責任を他人に転嫁しようとするソ連官僚の典型的な体質を露呈した。私は、モスクワ大学寄宿舎生活を通じて会得した議論のやり方を使って、彼女をチクリチクリ批判した。教師は傲慢さを顔に出し、「このような子供を預かるのは迷惑だ」と言った。ついに私も腹を立て、貴女に大事な娘を預けるわけにはいかないと述べて、その場で次女を退園させた。

私は大使館に行き、ソ連外務省外交団世話部に抗議の手紙を送った。ところが先方はこれを全く無視し、何の返事もよこさなかった。ウポデカ（外交団世話部のロシア語の略称）は、外交団を監視することには長ける一方、すぐにでも責任を回避するまことに腹立たしい組織だった。一方、ウポデカなしに大使館員がモスクワ生活を送ることもできなかった。その一つの例は、ロシア人のお手伝いの派遣である。1等書記官夫人ともなれば、妻が公的活動に従事する機会も多くなり、お手伝いを雇うことは必須だった。ところが、ここでもソ連の典型的な官僚体質を味合うことになった。

私は前任者から、年配のロシア人家事補助者、トーニャを引き継いでいた。彼女は日本大使館館員との長い付き合いにすっかり毒されていて、間もなく、要領がいいだけで信用性に乏しく、しかも娘たちに対する態度が荒々し過ぎることが判明した。子供たちを彼女に安心して預けて私たち夫婦が社交行事に出かけることが難しくなった。トーニャがある許しがたい行為をしたことが判明した際、私はウポデカに新たな家事補助者の斡旋を依頼した。

ウポデカは、その〝許し難い行為〟について1か月間余、内部調査をした。その結果、彼女に問題点が多いことが判明したようで、ウポデカは、モスクワのどの大使館関係者とも働いた経験がない一人の若い女性を斡旋してくれた。名前はオーリャと言った。後に判明したことだが、トーニャは、ウポデカの外交団家事補助者斡旋名簿から外されてしまったそうだ。年を取っていただけに、若干申し訳ない気がした。

オーリャは、かわいらしい性格の女性で、娘たちもすぐになついた。大きな体をゆすって良く働いたが、家事補助の仕事に慣れるにつれて、さぼり癖が目につき始め、また、勝手に娘たちの持ち物に触ったりし始めた。私は、深刻な事態に発展する前に注意喚起しておいた方がいいと思い、ある日彼女に「貴女の働き方に満足していない」と告げた。彼女はすぐに問題点に気が付いたようで、私に泣いて謝ってきた。その後彼女は最後まで気持ちよく働いてくれた。オーリャは根がいい典型的な一般ロシア人で、後年西欧の大使館館員の家事補助者として働くようになったと聞いた。彼女はそこでもきっと信頼されていたことだろう。

私たちが住んでいたアパートには、エレベーターが一つあった。よく故障を起こし、階段の途中で停止するトラブルがあった。そのようなとき、利用者が管理人に通じるボタンを押すと、リモート・コントロール（?）を使って、最寄りの階までエレベーターを動かしてくれた。ところが、この管理人が四六時中部屋にいるわけではないから、不便だった。

次女は、くだんの幼稚園を止めてしばらくの間、妻とともにアパートで1日を過ごしていた。ある日、妻とともに階下から自分たちの部屋に戻ろうとしたところ、目的階に到着する直前でエレベーターが停止してしまった。赤いボタンを押しても管理人は出てこない。親子で大声を上げても誰の耳にも届かない。もしもエレベーター・ボックスが1階まで落下でもすれば命が亡くなると恐怖に駆られた妻は、エレベーター・ボックスの扉を手でこじ開けようとしたところ、半分ほど開いた。彼女は必死になって次女を肩の上に乗せ、エレベーター・ボックスと目的階の間のやっと頭が通るほどの狭い空間から、次女を外に出した。外に出た次女にエレベーター・ホールのボタンを押させたところ、エレベーターはゆっくりと動き出し、数十センチ上の目的階で止まり、扉も正常に開いた。

その夜、長女や大使館事務所から戻ってきた私に対して、微に入り細に入り、その模様を語り、もしも次女が外に出る前にエレベーター・ボックスが動き始めたならば、親子はきっと死んでいたと語った。そのとき、彼女とっては、九死に一生を得たと思う初めての体験をした。実際は、後年他の国において、さらに2度ほど「九死に一生」の体験をしたのだが……。

―楽しかった日本人学校―

長女は初めからモスクワ日本人学校の生活を楽しんでいた。やがて次女も日本人学校に入学し、今度は打って変わって元気に通学し始めた。演芸会で「サルかに合戦」のナレーターを任された次女が、のびのびと演技する様子を見て、私たちは真に幸せな気持ちになった。モスクワ勤務の後、他の国の大使館に転勤になったときの経験を見ても、教師が生徒たちに親身に接するかどうか、つまり、語学上の壁があったとしても、教師が自国の子供たちと外国の子供たちを平等に扱うかどうかが、初等教育指導の基本になると思った。

子供たちが学校に喜んで通ってくれないと、親たちも安心して仕事に打ち込むことはできない。客観的な状況は異なるが、現在の日本における初等教育についても、同じようなことが言えるのではないか。子供たちは、両親から大事にされ、教師から優しく、かつ、平等に接してもらい、戸外で元気に遊ぶことによって、のびのびと成長していくものだと、私は思う。

―家族の時間―

ロシア人社会から事実上隔離されて毎日を送っていた私たちは、土曜日か日曜日どちらかの1日間は、基本的に家族で一緒に過ごした。モスクワ大学留学時代に会得した数々の知識や体験がここでも役に立った。夏の終わりから短い秋の期間は、緑の多い場所を見つけて、そこで半日を過ごした。妻はゆっくりと休養を取りたいところだったが、私の本省勤務の際の習慣に従って、ピクニックにでかけた。娘たちが好む弁当をこしらえ、車で公園に行き、ビニールシートを敷いて昼食をとった。食後は、私が中心となってボール遊びをした。ここでは日本から持参した遊具が役立った。ボールを投げたり、蹴ったり、バドミントンをしたりして楽しんだ。

長女は運動神経が発達していて、日本人学校でいろいろな体育が好きだった。次女にいろいろなスポーツのやり方を教えていた。特に長女は、冬のスポーツを楽しんだ。フィギュアスケートは、アパートの下に水を撒いて造られた〝スケートリンクもどき〟で初歩を学び、学んだことを次女に伝授した。やがて小さなリンクには満足できなくなって、レーニン中央公園につくられた大きなスケート場に行き、大人たちに交じってスケートを楽しんだ。私などよりもよほど上手で、1回転に成功したと言って喜んでいた。

ノヴォデヴィチー女子修道院は、モスクワ観光スポットで、1976年当時の夏は、ニキタ・フルシチョフ第1書記のお墓を見学する人たちが多かった。修道院の外壁の外にあった池は、冬は子供たちがソリを楽しむ場となった。長女も次女も、プラスチック製の小さなソリに背を載せて、池に向かって坂道を降りていき、下まで行くと自分でソリを抱えて、坂道を上っていった。2人は、親たちが止めるまで、何度も何度も、行ったり来たりしてソリを楽しんだ。

モスクワでは冬季にクロスカントリー・スキーも楽しめた。モスクワ郊外「銀の森」の大使館ダーチャ付近は、森の間を縫って、平坦な良い〝棒道〟が整備された。滑る人の数も少なく、雪の積もった静かな「銀の森」周辺を〝滑る〟のは楽しみだった。長女は1、2度トライしたが、やがて妻や次女とともにダーチャ内で室内ゲームに打ち込み、私は一人で静けさを味わった。アメリカ大使館に勤務していたT1等書記官の家族とともに、設備の整った大きなアメリカ大使館のダーチャに行き、家族をダーチャに残してTと2人で滑ったこともあった。

ソ連の夏休みは長く、その機会を利用して、先ず家族をレニングラード(現在のサンクトペテルブルク)に連れて行った。短期間に主要観光スポットを見て回った。娘たちも、モスクワとは異なる開放的な感じのする夏のレニングラードを楽しんだ。

続いて黒海東海岸の保養地ソチに家族を案内し、1週間ほど過ごした。私たちの予想に反し、小石が敷き詰められている海浜だったため、娘たちは素足では海に入ることができなかった。ゴム草履を履いて海に入ると、海水は冷たく、草履は足から脱げそうになった。思ったように気楽に海水浴を楽しむことはできなかった。食事はまずく、モスクワに戻ったときは、妻は2度とソ連国内で休暇を取りたくないと言っていた。ところが皮肉なことに、モスクワの後はニュージーランドのウエリントン勤務になり、娘たちは砂地の全くない岩だらけの海岸で、BBQを大いに楽しんだ。

娘たちは、夏休み期間中でもロシア人の子供たちと接する機会に恵まれなかった。これは不幸な巡り合わせだった。これでは、幼いときに友人関係を育むことができるはずがない。ソ連が崩壊し、ロシア連邦が樹立され、一時期日露関係は多くの分野で進んだが、ウクライナ戦争で、再び日露両国民の交流は疎遠になった。映像を通じて知るだけの隣国関係では、いびつなものにならざるを得ない。残念だが、友好善隣関係など発展させることができない世の中になってしまった。

―文化交流―

日ソ関係が厳しかった頃、大使館としてできる前向きな事業は文化交流だった。これはロシアの対ウクライナ侵略が行われている現在の在モスクワ日本大使館についても、当てはまることだろう。当時大使館が毎年行っていた文化行事は、日本映画の上映を中心として日本文化を紹介する小規模のもので、モスクワと地方都市で各1回行われた。ウクライナのオデッサ（ウクライナ語でオデーサ）で映画祭が開催された際には、私に手伝い出張する機会が与えられた。有名なセルゲイ・エイゼンシュテインの無声映画「戦艦ポチョムキン」に出てきたオデッサの階段に座って、薄暗い晩秋の裏さびれた港から黒海をしばし眺めたことを記憶している。当時オデッサがウクライナ産穀物の主要輸出港を抱えていることは知らなかった。

前述したように当時の重光綾子大使夫人は、文化交流に力を入れていた。あるとき大使公邸で「日ソ音楽交流の夕べ」開催の音頭を取り、自らソプラノの美声を披露した。私が合唱好きなことを知っていた彼女は、日本の歌を歌うよう強く〝勧めた〟。ロシアの音楽専門家もいるところで歌うことが大変恥ずかしかったが、彼女の〝熱意〟にほだされ、妻のピアノ伴奏で、「カラタチの花」を歌った。

また、大使公邸で、華展がよく開催された。免状を持っている館員夫人は、何杯も花を生けた。大使夫人のアイディアで、手製の月を作るなどした。花が好きなロシアの女性も多く華展を見に来た。一部の流派の師匠たちがモスクワに来て、大使館近くのドム ドルジブイ（友好の家）で大きな華展を開催したときは、実に多くのロシア人が集まった。また、茶道の師匠は数年に1回モスクワを訪れ、大使公邸で立礼を披露した。そのときはソ連文化省の高官たちがお茶を楽しんだ。

あるとき日本から来た東京のプロのオーケストラがチャイコフスキー・ホールで演奏した。演奏が終わったときの拍手は、今一つだった。モスクワ音楽院では多くの日本からの留学生が学んでいた。音楽については、当時日本はソ連に片思いを抱く関係だった。現在とは大きく異なっていた。私たちは、それぞれウクライナ生まれのエミール・ギレリスやスヴャストラフ・リヒテルといった世界一流のピアニストの演奏を間近で聞くことができたことは、幸せなことだった。

―芸術鑑賞―

芸術、文化、スポーツなどは、当時からモスクワには見るところが非常に多くあった。娘たちが何よりも楽しんだのは、サーカスだった。モスクワ中心地にあったオールド・ボリショイ・サーカス劇場の他に、レーニン丘にも新しい大きなサーカス劇場ができていて、私たちは主としてそちらの方に行っていた。また娘たちは、冬には屋内スケートリンクで行われたアイスショーを楽しんだ。簡単にチケットが入手できたので、よく見に行った。また、モスクワ中心部の小さな劇場では、「くるみ割り人形」や「白鳥の湖」といったバレーに目を輝かせた。

私たち夫妻は、ボリショイ劇場によく通った。美しいバレーに魅了された。特にマイヤ・プリセツカヤが出演するときは、必ずと言ってもいいほどよく見に行った。オペラも観たが、妻は一度モデスト・ムソルグスキー作曲「ボリス・ゴドウノフ」を観て、その後あまりにも重々しいロシアオペラを敬遠するようになった。イタリアオペラとは全く異なる発声法のバスの声は、重くかつ深く、私には魅力的だった。ロシアオペラ鑑賞のため、私は一人で何度かボリショイ劇場に通った。

クレムリン近くの近代的なホールでは、しばしば赤軍合唱団公演が行われた。娘たちと一緒に見に行ったこともあった。合唱団と言っても、代表的な民族舞踊と民謡が民族楽器を操る楽団に支えられて公演された。美しい民族衣装を着た女性ダンサーたちのテンポの速い民族舞踊とこれに負けじと跳躍する男性のコサックダンスは、いつ見ても飽きることがなかった。「カリンカ」、「カチューシャ」など地声で歌われる民謡は、古典音楽とはまた異なる魅力を発揮した。ヴォルガの舟歌を歌う男声合唱には圧倒された。

ソ連・ロシアは体操が強い。その要素はクラシックバレーにも民族舞踊にもふんだんに盛り込まれていて、踊り手がくるくる回り始めると大拍手が起こり、踊り手は、頭を下げて礼をした後、再び踊り始めるといった「型」が出来上がっていた。

ロシア民謡の男声合唱とロシア正教の聖歌のどちらが先に生まれたのかは知らないが、私はどちらにも心を動かされる。最近私は、18〜19世紀にウイーンの教会で歌われていたミサ曲を専門的に歌う合唱団に属しているが、グレゴリア聖歌とロシア正教会の祈りの歌を比べた場合、後者の方が祈りの気持ちに沿っていると思う。もっとも、ロシア帝政末期に現れた怪僧ラスプーチンやいまのロシア正教会の幹部たちの姿は、キリスト教伝道者とは全く異なって見える。なお、ウクライナの音楽は、言ってみれば、荒野を描いたロシア音楽を日本の演歌のようにうら悲しくしたような響きがあり、日本人はロシア民謡よりもウクライナ民謡に魅力を感じるかも知れない。最後期高齢者の一人になった私の耳にも、ロシア正教の聖歌よりもウクライナ正教の聖歌の方が、美しく響いてくる。

第四章　プーチンの戦争

1　奇妙な戦争

「特別軍事作戦」って何？

２０２２年2月24日ロシアは、突如隣国ウクライナに軍事侵攻を始めた。プーチン大統領は、ウクライナ東部・南部のネオナチ勢力から住民を守るため、「特別軍事作戦」を開始したと述べた。そして、最早ＮＡＴＯの軍事的な東方拡大を無視することはできないとして、ＮＡＴＯに支持されたウクライナ軍が直ちに反ロシア敵対行動を止め、戦場から撤退するよう呼びかけた。

国際連合総会は多くの国の賛成票によって、国連憲章に違反するロシアを非難し、速やかにロシア軍の撤退を求める決議を採択した。安全保障理事会でも、民主主義諸国側とロシアの間で、激しい議論の応酬が行われた。しかし、拒否権を持つロシアのブロックに遭って、総会と同趣旨の決議を採択することができなかった。国連安保理の機能不全が露呈し、この状況は、ウクライナ戦争が始まって1年10か月が経つ２０２３年末の時点でも、続いている。

私は、１９６８年8月20日ソ連軍を筆頭とするワルシャワ条約軍がチェコスロヴァキアに軍事侵攻し、民主化を進めようとしていたドゥブチェク政権を崩壊させた事件（第3章参照）を思い出した。「プーチンの戦争」と呼ばれるロシアのウクライナ侵略は、プーチン大統領が「ベルリンの壁」崩壊以後、ロシアでも進められた民主化の動きを逆転し、ソ連時代の権威主義、独裁主義に戻ったことを世界に知らしめた出来事だった。

プーチン大統領が、ウクライナに対して「戦争」ではなく、「特別軍事作戦」を宣言した背景には、ロシア国民に無用な動揺を与えないとの配慮、短期間でゼレンスキー政権を国外に追い落とすことが可能と判断した誤算、国連加盟国から国連憲章違反との批判を招かないための手立てなどがあったと言われている。かつて日本も国際連盟や主要国からに批判を避けるため、「満州事変」「日華事変」といった呼称を付けて、自ら始めた「対中戦争」の実態を隠そうとしたことがある。すべて安っぽい詭弁に過ぎない。

安保理常任理事国のロシアが、隣国ウクライナの主権を侵して再び戦争を仕掛けた背景には、2014年の第1回軍事侵攻の成功体験と「ロシア人とウクライナ人の一体性」についてのプーチン大統領の特別な歴史認識（後述）がある。2014年にロシアがウクライナに第1回目の軍事侵攻を行った際、アメリカを筆頭としてNATO側はロシアとの直接対決を恐れ、迅速な対応を怠った。1968年の「プラハの春」、2008年のグルジア（現・ジョージア）南オセチアへの軍事侵攻についても、NATO側が事態を静観し続けた経緯がある。プーチン大統領は、NATO側の受動的な反応を見透かし、やすやすとクリミアを併合し、ドンバス地域に親ロシア派軍事政権を樹立した。主権を持った隣国内の親ロシア派グループの要請を受けて「特別軍事作戦」を行うことは、プーチン大統領の常套手段だ。これらは法の支配を侵す暴挙だ。

2022年2月24日プーチン大統領は、ロシア軍に再びウクライナ侵攻を命じたが、〝柳の下にいつもドジョウがいる〟わけではなかった。ゼレンスキー大統領は、国民と一丸になってウクライナ防衛に立ち上がった。2014年に苦汁をなめたウクライナは、その後地道に国防力を強化し、今回は随所でロシア軍に対して驚くほどの強い抵抗力を示した。杜撰な計画と不十分な訓練のまま、ロシア軍は陸海空からキーウを含めウクライナ全土に広く攻撃をしかけたが、1か月ほどでキーウ近郊からの撤収を余儀なくされた。

NATO、EU、G7など自由と民主主義の基本的価値観を共有する諸国は、迅速にウクライナ支援を開始した。ウクライナ軍は武力、経済、財政支援などを受けつつ、徐々に非占領地を奪回し始め、2022年秋までにはハリキウやヘルソンの奪回に成功した。一方、雨季から冬季に入ると、戦線は膠着状態に入った。戦争開始後1年を経た2023年春からウクライナ軍は、東部と南部戦線で反転攻勢を強めたが、ロシア軍の抵抗は激しく、期待したほどの成果をあげていない。

これまで民主主義諸国は対ロシア経済・財政・金融制裁を着実に拡大し、ヨーロッパ諸国はロシアからの石油、ガスなどのエネルギー輸入依存度を減少させてきている。資源に恵まれたロシアに対する制裁は、短期間で効果を与えるものではないが、ロシア経済は随所でボトルネックを示しつつある。

ウクライナ侵略戦争は、短期間で第1段階を終えた。プーチン大統領がゼレンスキーの率いるウクライナ軍の力と国民の団結力を見くびった結果、ロシア軍は、大きな損失を被った。2023年第2段階に入ったウクライナ戦争はウクライナの東部と南部で激しさを増し、ロシア軍の損失はますます増大しているが、2023年末時点でもウクライナ軍の反転攻勢は戦況を変えるに至っていない。全面戦争ではない局地戦争が、「特別軍事作戦」の名前の下で、続いている。まことに奇妙な戦争だ。

ガザ地区を実効支配するハマスとイスラエルとの軍事衝突は、短期間で多くの一般人の命を奪っている。「ガザ問題」はイスラエル建国の歴史、政治的対立、人道危機などが相互に入り組んだ複雑な問題であり、ウクライナ戦争と比較して論じることには大きな困難が伴うが、多数のドローン兵器が使われ、宣伝戦が活発で、自分の陣営に有利な映像を流す劇場型戦闘が行われている点で、共通するところがある。

2022年4月初め、解放されたキーウ近郊のブチャに入った西側メディアは、数々の住民の遺体が道に放置されている残虐な場面を世界に流し、また、殺戮を免れた住民から同胞の悲運を巡る生々しい証言を引き出し、配信した。視聴者は、ロシア軍のジュネーヴ条約違反行為に大きな衝撃を受けた。これを引き金として、国際刑事裁判所（ICC）は、戦争犯罪を立証するため多くの証拠を集め、整理、分析を開始した。後にICCは、ウクライナの子供たちをロシアへ移送するなどの人道違反行為の責任者として、プーチン大統領に逮捕状を発給した。

一方、ガザという小さな人口密集地域における住宅や病院に対する爆撃や犠牲者の姿を映し出す連日の生々しい報道は、ウクライナ戦争の継続を忘れさせるほど残虐なものだ。国連安全保障理事会の機能不全は再確認され、民主主義諸国と権威主義諸国との対立という尺度は通用し難いと思われるほど国際情勢は混乱してきている。人道主義の旗印も空疎になりかねない。

日本の対応ぶり

2022年2月24日以来、岸田文雄内閣は迅速にウクライナ支援や対ロ制裁措置を講じてきた。2023年に入り、岸田総理大臣は、G7広島サミットを主宰し、ウクライナ支援と対ロシア制裁の強化策を進めるとともに、ロシアによって崩されかけている国連の枠組みを維持する必要性を訴えた。岸田総理大臣は、法の支配を侵すプーチン大統領の暴挙を許さず、祖国防衛に尽くしているゼレンスキー大統領を全面的に支持している。自由と民主主義に立脚する日本の総理大臣として、これまで講じてきたウクライナ支援策は妥当なものだった。

一方、国際社会の問題、特に2国間関係の重要政治課題については、法律的アプローチだけでは解決できず、ときにガザ問題を巡っては岸田内閣の「法の支配」重視発言は実態から離れてしまっている。日本は、ハマスとイスラエル軍の衝突を抑え「停戦、休戦から和平へ」と事態を発展させる力を持っていないことを認めざるを得ないようだ。

2 「欧州情勢は複雑怪奇」

1939年8月23日、突如としてナチス・ドイツがソ連と独ソ不可侵条約を締結したことに驚愕した平沼騏一郎内閣は、「欧州の天地は複雑怪奇なる新情勢を生じた」云々の談話を発表して同月28日総辞職した歴史的経緯がある。いまの時代岸田内閣が、国際情勢が複雑怪奇であるとして、総辞職することは考えられない。一方、政府が国民に対して国際情勢を的確に説明しているかといえば、はなはだ心もとない。

本来政府には、正しい情報分析、それに基づく政策立案と実施が強く求められる。政策が失敗に終われば、責任を負うことが求められる。ここで「ガザ問題」を取り上げる意図はないが、私たち国民は、自らウクライナ戦争を巡る情勢を注意深くフォローし、政府が日本として果たすべき役割を果たしているかどうかを、見極めていく必要がある。

ウクライナ戦争は、日本から遠く離れた東ヨーロッパで行われている戦争だ。日本の安全保障に直接影響を及ぼしているわけではない。政府関係者は、ウクライナ戦争を「対岸の火事」扱いにはできない旨、台湾有事（つまり中国による台湾の武力侵攻）は、日本に対する直接的な脅威である旨を度々発言している。一方、この政府説明は国民にはピンと来ない。どこか「風が吹けば桶屋が儲かる」式の話に思えてしまう。岸田内閣は、国民へのメッセージの内容と出し方について、知恵と才覚を発揮していくことが必要だ。

日本にはウクライナ戦争を「対岸の火事」扱いにすることはできない大きな理由がある。それは、ロシアが日本の隣国であり、しかも我が国固有の北方領土を不法に占領し続けていることだ。1945年8月15日、日本はポツダム宣言を受諾し、連合国に降伏する道を進んだ。ところがソ連軍は、8月18日から千島列島への攻撃を始め、9月2日の米戦艦ミズーリ号における連合国に対する日本政府の降伏文書の署名を経てもなお武力侵攻を続け、9月5日までに北方領土を占領した。爾来（じらい）度々領土交渉が行われてきたが、ロシア側は、北方領土を返還して日本との間に平和条約を締結することを頑なに拒んでいる。

この数年間ロシア軍は、北方領土で軍事演習を行い、日本周辺の海域と空域で中国軍との共同訓練を実施している。2014年以来ウクライナが国防力の増強に努めつつロシア軍に効果的に抵抗している状況を見るならば、日本としてウクライナ戦争を「対岸の火事」視できないことは明らかだ。

また、台湾解放による統一を国是としている中国は、台湾に対する武力攻撃の選択肢を放棄していない。最近中国軍は、台湾海峡で挑発的な軍事演習を行っている。中国政府が、ロシアのウクライナ侵略に応じて、どこまで台湾情勢を緊張させようとしているかは不明であるが、私たちは、昨今の中国軍の増強振りと米中関係の緊迫化をよくフォローし、いついかなる形で日本の安全保障に直接的な影響が出てくるかを見極めつつ、国防の強化を図ることが重要だ。

3 プーチン大統領の歴史認識

プーチン論文

2021年6月30日プーチン大統領は、ロシア放送局主催の番組「ダイレクトライン」に登場し、スタジオで参加したロシア人およびロシア各地からの中継で参加したロシア人から、直接的に質問を受け、その場で回答した。その際ロシア・ウクライナの関係について質問を受け、「ロシア人とウクライナ人は一つの民族であり、一体不可分である」と答えた。その後プーチン大統領は、ウクライナについての発言を論文にまとめ、同年7月12日「ロシア人とウクライナ人との歴史的統一性」と題して発表した（注）。

プーチン大統領がこの論文で一貫して主張したことは、①ロシア、ウクライナおよびベラルーシにまたがる広大な地域の民族は、何世紀にもわたって精神的、人間的、文明的な絆を形成し、深めてきた、②共通の言葉、文化、宗教を持つ「三位一体」の一体性を有している、とする2点だ。そして、時代により、時の権力者は、独自の政治的な意図の下、あるいは、分割統治を狙う外部勢力に影響され、ロシアから離れウクライナの独立を試みたこともあったが、その都度失敗した、と論じている。

つまりプーチン大統領は、ロシアとウクライナ両国民の歴史について、一つの歴史的・精神的な空間の一体性を確保する勢力とその一体性を常に損ねようとする勢力との相克の歴史である、と捉えている。そして、この延長線で、1989年の「ベルリンの壁」崩壊、1991年に起こったソ連邦体制の瓦解、ウクライナの独立、ロシア連邦の独立、ソ連邦自体の解体、また、ウクライナのEUおよびNATOへの加盟申請の動きを捉え、ロシアとの一体性追求を求めるウクライナ国内の勢力に対して、EUやNATOはロシアとウクライナの分断を図ってきていると捉えている。

プーチン大統領は、2014年のウクライナにおける「マイダン革命」に触れ、〝マイダン〟

一派は、ロシア語による国内の教育を事実上停止し、国会をウクライナの反ロシアの少数民族を優遇する場とし、また、ウクライナ正教会はモスクワ大司教との伝統的な近しい関係を破壊したと述べた。さらに、ウクライナ当局は国連においてナチズムの栄光を非難する総会決議に反対するなどの動きを示したとし、ウクライナ人の多くは、こうした「反ロシア・プロジェクト」を受け入れ難いと考えている旨を主張している。

(注) プーチン論文の概要
以下は、私の責任でまとめたプーチン論文の概略である。

○ロシア人、ウクライナ人とベラルーシ人は、ヨーロッパ最大の国家だった「古ルーシ」の継承者であり、一つの言語(古ロシア語または古東スラヴ語)、経済的つながり、一つの正教(キリスト教)によって統一性を持っていた。これらの土地に住んできた人たちの「三位一体の大きな国家」を語る場合、住民は民族的属性、特に混合家族における国籍を自ら自由に選択できるとの視点が重要だ。

○1240年バトウ(チンギス・カンの孫)は、ルーシの首都キエフ(キーウ)を攻略し破壊した。その後東スラブ人はそれぞれ異なる道を歩んでいった。モスクワ公国は、ロシアのツァーリ（皇帝）が支配する大国として発展していった。古ルーシの西側地域は、リトアニアおよびポーランドの勢力下に置かれた。古ルーシの大地は西と東で同じ言語を話し、宗教は正教だった。しかし、16世紀になり、西側の土地は、ポーランド・リトアニア連邦国家に支配されるようになった。支配階級によってポーランド化され、また、ラテン文化を導入、正教会は排除され、カトリック教がそれに代わった。

○ロシアとポーランド・リトアニア連邦国家の間で戦争がはじまり、長期間にわたって続いた。その間ウクライナの地に勢力を伸ばしていたウクライナ・コサックは、モスクワからの独立を求めてスウェーデン、ポーランド、トルコに支援を求めた。17世紀にこの戦争は終結し、キエフ市とザポリージエを含むドニエプル左岸の土地は、ロシアの土地になり、同地域の住民は、ロシア正教の民衆と一緒になった。ドニエプル左岸の地域には、「小ルーシ（小ロシア）」という名称がつけられた。

○19世紀の終わりから、オーストリア・ハンガリー帝国が、ウクライナ西側の非ロシア化を進め、第1次世界大戦中にはウクライナ・シーチ銃兵隊の結成を助けた。１９１７年11月にロシアでボリシェビキ革命が起きた。同年12月にウクライナではウクライナ人民共和国が設立された。しかし短命で終わった。1922年ソビエト連邦が創設された際、ウクライナはその創設国の一つとして、ウクライナ・ソビエト社会主義共和国となった。

○1939年以前にポーランドによって占領された土地はソビエト連邦に返還され、それらの重要な部分は、ウクライナ・ソビエト社会主義共和国に併合された。1954年、ソ連邦のロシア共和国に属していたクリミア州は、諸法規に違反して、ウクライナ共和国に移管された。移管決定を指導したニキータ・フルシチョフソ連共産党第1書記は、「クリミア地域とウクライナが経済の共通性、近接性および密接な文化的関係」を有していることを、移管の理由とした。当時誰もソ連邦が崩壊するとは予想していなかった。しかし、1991年クリミアは、まるで「一袋のジャガイモ」のように、ロシアからウクライナへと渡された。

○ウクライナとロシアは、一つの経済システムとして、何世紀にもわたって発展してきた。30年前の協力の深さは、今日のEU諸国がうらやむほど緊密だった。1991年から2013年まで、ウクライナはロシアによるガス価格の値引きだけで、820億ドル以上の予算を節約できた。また、一つの経済システムのおかげで、ウクライナは、強力なインフラ、ガス輸送システム、高度の造船、航空機製造、ロケット製造、計器製造、および世界レベルの科学、設計、工学といった遺産をロシアから引き継いだ。

○ところが過去10年間で、ウクライナの機械生産量は42％減少した。またウクライナでは、過去30年の間に、電力生産量はほぼ半減している。ＩＭＦによれば、２０１９年のウクライナの一人当たりＧＤＰは、４、０００ドル未満で、アルバニア共和国、モルドバ共和国、コソボの下にあり、ヨーロッパで最も貧しい国になった。

○ソ連邦が解体したとき、ロシア人とウクライナ人の多くの人たちは、我々の文化的、精神的、経済的な関係は継続し、根底で一体感を感じてきた人たちの共通性も継続すると、間違いなく信じていた。しかし、事態は、最初は徐々に、そして次第に急速に、別の方向に進展し始めた。

○ウクライナのエリートたちは、過去を否定することで自国の独立を正当化しようと考えた。１９３０年代初頭の集団化と飢饉という、ロシアとウクライナにとって共通の悲劇を、ウクライナ人民の集団殺戮と偽った。（筆者注：ウクライナでホロドモールと呼ばれるスターリン時代の穀物収奪とその結果として生じた大量の餓死者を巡る事件）

○ウクライナの過激派とネオナチストたちは、市民を強奪して盗品を西側の銀行に保管し、資本を維持するために、祖国を売ろうとしている。

○西側諸国は、ウクライナをヨーロッパとロシアの間の障壁にし、ロシアに対する作戦根拠地にすることをもくろんでいる。「ウクライナはロシアではない」との概念が定着するように仕向けている。我々は、反ロシアの要求を決して受け入れることができない。2014年にウクライナで起こった騒乱・クーデターは、ウクライナ国民の利益を考えたものではなかった。西側諸国はウクライナの内政に直接介入した。過激な民族者たちの掲げたスローガン、イデオロギー、露骨なまでに攻撃的な対ロ恐怖感が、ウクライナの国家政策の基礎となった。

○マイダン政権は、「権力の浄化」に関する法律、教育に関する法律を制定し、ロシア語を事実上排除した。彼らは、ウクライナのロシア人が何世代にもわたる祖先からのルーツを放棄し、ロシア人が敵であると信じさせようとしている。攻撃的な反ロシアと純粋民族主義的なウクライナによって、強制的にウクライナ国家同化への道を歩ませるその方向性は、ロシアに対する大量破壊兵器の使用に匹敵すると言っても過言ではない。そのようなロシア人とウクライナ人との間の人為的な断絶政策が行われる結果として、ロシア人は、全体として、数十万人、数百万人も減少する可能性がある。

○2014年5月のオデッサにおける火災で31人が死亡した事件は、恐怖と悲劇だった。この事件は、ドネツクやルガンスク（ルハンシク）の住民たちにどのような選択肢を残したのか。住民たちは、ドネツク人民共和国とルガンスク人民共和国の独立を選択したのだ。

○ロシアは兄弟殺しを止めるためにあらゆることをした。平和的な解決を目指した2つの合意が締結された。2014年のミンスク合意1と2015年のミンスク合意2である。これらに対する代替案はないと確信している。

○一方、ウクライナ代表はミンスク合意への「完全順守」を定期的に表明するものの、実際には「受け入れられない」という姿勢を示している。彼らは、ドンバスの特別な地位についても、そこに住む人たちへの保証についても、本格的に議論する気を持っていない。彼らは「外国からの侵略の犠牲者」というイメージを利用し、対ロ恐怖症を売り込むことに努めている。要するに彼らは、あらゆる方法で外国のひいき筋の関心を惹きつけたいのだ。

○ミンスク合意1と2の結果、ロシア、ドイツ、フランスの仲介の下で、ウクライナはドネツク人民共和国およびルガンスク（ルハンシク）人民共和国と直接交渉を行い、ウクライナの領土的一体性を平和的に回復する機会を与えられた。しかし実際にはこれと論理的に矛盾する「反ロシア」計画を進めている。ウクライナは、西側列強の保護下、支配下にある。

○ウクライナの真の主権は、ロシアとの協力において可能である。我々の精神的、人間的、文明的な絆は何世紀にもわたって形成され、共通の体験、成果および勝利によって強固になった。正に我々は、一つの民族ではないか。

識者によるプーチンの歴史認識を巡る疑問、批判など

プーチン論文発表直後、ウクライナではシンクタンクを中心にプーチン大統領の歴史認識に対する反論が発表された。２０２２年のウクライナ戦争勃発後、日本のメディアでもプーチンがウクライナ戦争を始めた理由を探る論評が多く報道された（注）。

ゼレンスキー大統領は、プーチン論文について直接的な反応を示してはいないが、２０２２年

2月24日ロシア軍のウクライナ侵攻が開始された直後、「ウクライナの市民としてロシアの人々に語りかける」との形式で行ったビデオ演説の中で、ウクライナとしての基本的立場を明らかにした。ゼレンスキー大統領は、個人名こそ上げていないが、プーチン大統領やロシア政府の幹部に対する批判をしており、全体としてプーチン論文に対するウクライナ側の回答と受け取って構わないと考える。以下に同演説のポイントを紹介する。

○あなたの指導者たちは、ロシア軍が他の国の領土に一歩前進することを許した。
○この一歩は、ヨーロッパでの大きな戦争の始まりになる可能性がある。
○ロシア軍が私たちの国、自由、私たちの生活、子供たちの生活を奪おうとするならば、私たちは、自分自身を守る。
○彼ら（筆者注：プーチン大統領を含むロシア政府高官の意）は、ウクライナがロシアに脅威を与えていると言ったが、それは過去にも現在にも将来にも当てはまらない。
○私たちの目標は、ウクライナの平和とウクライナ人の安全である。
○彼らは、ロシア人のあなたを通じて、真実を知る必要がある。
○ロシア人は戦争を望んでいるか？ その答えはロシアの市民だけにかかっている。

（注）プーチンの歴史認識にかかわるインタビュー、論評など（参考例）

○２０２１年7月21日、ウクライナのシンクタンクVox Ukraine（英語でVoice of Ukraineの意）掲載のスヴィトラナ・スプリチェンコとキリロ・ペレヴォシチコフ共同論文。

○中世ロシア文学・宗教史専門三浦清美早稲田大学教授（２０２２年３月１日付日本経済新聞）

○池田嘉郎東京大学准教授（２０２２年３月４日付日本経済新聞）

○ロシア文学専門アンドレイ・ゾリン・オックスフォード大学教授（（２０２２年３月６日付読売新聞）

○キエフ大学で歴史学博士を取得した近世・近代東欧史、冷戦構造専門のセルヒ・プロキア・ハーバード大学教授（２０２２年３月30日付日本経済新聞）

○角茂樹（すみしげき）元駐ウクライナ日本大使（2022年5月付一般社団法人霞関会会報）

○ロシア生まれで1995年からスイス在住の作家ミハイル・シーシキン（2022年7月5日付朝日新聞）

○マリア・ダマンスカOSW（ワルシャワ 東ヨーロッパセンター）研究員（2022年7月13日付OSWニュース・レター掲載）

日本人としての立場

日本政府は、プーチン大統領の歴史認識について、何も語っていない。一方、将来ウクライナとロシアが、停戦のための交渉を始める際には、日本としてもプーチン大統領の歴史認識の背景について理解を深めておく必要がある。これは、日本の外交的立場を強めることにもつながる。

私たちは、ロシアとウクライナとの間に1、000年にわたる深い関係があったとしても、ソ連邦の崩壊過程で、1991年8月24日にウクライナ最高会議がウクライナの独立を宣言し、12月に実施された国民投票では、投票者の90％以上が賛成票を投じたこと、また、12月26日にはロシアもロシア連邦として独立国家になった歴史的事実を忘れてはならない。ロシア連邦は、隣国ウクライナの主権と領土保全を侵し、ウクライナに軍事侵攻を行う正当性を全く持っていない。

一方、2023年10月7日ハマスの軍事部門がガザ地区を出てイスラエル側に奇襲攻撃を行ったことに端を発した両軍の衝突と多くの無垢な一般人たちの殺害は、イスラエル人とパレスチナ人間の相互憎悪を急速に深めているだけでなく、1948年に国連がパレスチナ人の土地にイスラエル国家の建国を認めた歴史的経緯の複雑性を浮き彫りにさせている。特に日本人にとっては、ロシアとウクライナの歴史関係については、何とか付いていけるとしても、「ガザ問題」については途方に暮れる思いを募らせるだけだ。

紛争解決のためには、一度歴史認識問題を横に置いて、政治的な解決を求めざるを得ない。ウクライナ戦争については、日本は、プーチン大統領が歴史認識を隠れ蓑にすることを認めず、ロシアとウクライナが停戦の話し合いを始めるように仕向けていくことが求められる。そのタイミングがいつ来るかについては、予断が許されない。

いずれにせよ、ロシアとウクライナに停戦交渉を働きかける際には、相互譲歩による妥当な合意案が必要だ。言うはやすく、実現はまことに難しい。日本は将来行われる可能性のある停戦交渉、休戦交渉の直接の当事者ではない。少なくとも両国に対し、安全保障上の懸念を薄める案を提示せざるを得ない。より具体的には、プーチン大統領が持っているＮＡＴＯの東方拡大懸念やゼレンスキー大統領の持つウクライナやドンバス地域に対する主権回復要求を巡る民主主義国側としての対処案を示す必要がある。ウクライナ戦争の直接の当事者ではない日本としては、特にフェアーな立場を取らなければならない。

第五章　日本と国際秩序

1　日本国憲法前文の一節

マッカーサー連合国軍最高司令官は、占領中の日本に対し、理想的な憲法を成立させるよう強力に働きかけ、１９４６年10月7日国会は（明治）憲法改正案を可決した。そして現憲法は同11月3日公布され、１９４７年5月3日に施行された。この憲法は崇高な理念を掲げ、第9条は日本が国権の発動たる戦争を放棄し、国の交戦権を認めないことを定めた。ところが１９５１年に朝鮮戦争が勃発するや、日本の治安を維持し、日本全体を連合国軍の補給基地として利用していくためには、この9条が足かせとなることが判明し、ＧＨＱ（注1）は、警察予備隊などいまの自衛隊につながる法整備を日本政府に行わせた。これを契機にして、野党や革新派の憲法学者たちは、政府による憲法解釈の変更によって事実上の改憲の道が開かれたと主張するようになった。

日本国憲法前文の次の一節に読者の目をとめてほしい。

日本国民は、恒久の平和を念願し、人間相互の関係を支配する崇高な理想を深く自覚するのであつて、平和を愛する諸国民の公正と信義に信頼して、われらの安全と生存を保持しようと決意した。われらは、平和を維持し、専制と隷従、圧迫と偏狭を地上から永遠に除去しようと努めてゐる国際社会において、名誉ある地位を占めたいと思ふ。われらは、全世界の国民が、ひとしく恐怖と欠乏から免かれ、平和のうちに生存する権利を有することを確認する。

この中の「日本国民は、恒久の平和を念願し、人間相互の関係を支配する崇高な理想を深く自覚するのであつて、平和を愛する諸国民の公正と信義に信頼して、われらの安全と生存を保持しようと決意した」との一節は、憲法制定当時からあまりにも理想主義的であり、第2次世界大戦の終了とともに顕在化した東西冷戦の実態に合わないことなどが指摘されていた。現在の国際情勢からも隔離された理念であることは、2度にわたるロシアのウクライナ軍事侵攻を見れば明らかだ。

朝鮮戦争以降、日本は、有事に備え、着実に防衛予算を拡充して自国防衛能力を高めてきた。また、1951年9月、日米安全保障条約（通称旧安保条約）（注2）に署名し、1960年1月にこの条約を改定した新安保条約（注3）に署名し、日米安全保障協力体制を強化してきた。国防力の拡充と日米同盟の強化を二本柱とする基本的な安全保障政策によって、日本は、急激に変化する国際情勢に柔軟に対応してきた。

２０１４年7月、安倍晋三内閣は、一定の範囲内で日本が集団的自衛権を行使できるための法制化を進める閣議決定を行った。そして２０２２年12月、岸田文雄内閣は安保3文書（国家安全保障戦略、国家防衛義務、防衛力整備計画）について、国家安全保障会議決定と閣議決定を行った。これらを通じて、日本有事に備えた法整備は飛躍的に進んだ。

一方、憲法制定後75年が経過した現在も、憲法改正は行われていない。憲法改正の手続きによらず、解釈変更によって重要な国家安全保障政策を進める歴代自民党内閣の姿勢には、野党のみならず与党の中からも、疑問の声が出てきている。現行憲法を「不磨の大典」扱い視すべきではない。国民的議論を通じて随時、内外の諸情勢の変化に即した改正を行っていくべきだ。ＧＨＱ主導で出来上がった憲法を国民の手に戻すべきであるとの意見は、頻繁に聞かれるようになっている。国会に設置されている憲法審査会は、憲法改正を巡る議論を早期に取りまとめるべきだ。与野党国会議員の責任ある行動が求められている。

また、前記に引用した憲法前文の「われらは、平和を維持し、専制と隷従、圧迫と偏狭を地上から永遠に除去しようと努めてゐる国際社会において、名誉ある地位を占めたいと思ふ。われらは、全世界の国民が、ひとしく恐怖と欠乏から免かれ、平和のうちに生存する権利を有することを確認する」との箇所は、現在の国際情勢にも適合する崇高な理念と言えよう。将来岸田内閣がウクライナ戦争の和平とプーチン後の国際秩序の形成に向けて政府方針を決定する際には、この憲法の延長線上で具体策を明らかにすることが重要だ。岸田総理大臣は、この崇高な理念を各国首脳に訴え、権威主義国、民主主義国、グローバル・サウスが相互に妥協し得る和平案を示していくべきだ。

戦争と平和の問題は、一筋縄ではいかない難しい問題だ。安全保障政策には、一般化や単純化に適さない多くの側面がある。それだけに、政府が具体的な安全保障措置を取っていく場合には、常に憲法の原点に立ち返ってレビューを重ね、実情に合わない部分については、憲法改正の可能性を含めて逐次法整備を進めていくことが必要だ。憲法改正は、敗戦によって出来上がった日本の構造にメスを入れていくための一丁目一番地と言えよう。Z世代の人たちには、国政選挙に積極的に臨み、有権者の尊い一票を使って、真に日本の構造改革を求める候補者を国会に送り届けることが求められている。

（注1）General Headquarters ,the Supreme Commander for the Allied Powers（連合国軍最高司令官総司令部）の通称
（注2）正式名称は、「日本国とアメリカ合衆国との間の安全保障条約」。1952年4月28日に発効した。
（注3）正式名称は、「日本国とアメリカ合衆国との間の相互協力及び安全保障条約」。1960年6月に発効した。

2 「たかが国連、されど国連」

敗戦後に辿った日本外交の経過を知っている人たちは、外務省OBの私が、「たかが国連」などと発言することを誠にけしからんと思うことだろう。確かに敗戦して11年経った1956年12月18日、80番目の国連加盟国になった日本は、その後長い間「国連外交」を大きな外交政策の柱としてきた。

1951年9月8日に調印し、1952年4月28日に発効した「日本国との平和条約（通称サンフランシスコ平和条約）」によって日本は主権を回復し、国際社会に復帰した。日本の国連加盟がそれから5年近くかかった大きな理由は、国連安全保障理事会で拒否権を持っていたソ連が、領土問題などの取り扱いを不満としてサンフランシスコ平和条約に署名しなかったためだ。日本政府はソ連政府と2国間の平和条約を締結すべく、1955年から交渉を重ね、1956年10月9日「日本国とソビエト社会主義共和国連邦との共同宣言」（注）に署名した。同年12月12日同共同宣言の発効とともに、日ソ間の国交は回復した。この結果、同12月18日、日本の国連加盟が実現したのである。

当時日本外交で大きな比重を占めたのは、いわゆる戦後処理問題だった。サンフランシスコ平和条約に署名しなかったアジアの国々と2国間平和条約交渉を行い、実質的に賠償の性格を持った経済協力を通じて、国造りに貢献していった。日本政府は、生まれ変わった日本の姿を世界にアピールする目的もあり、「国連外交」を重要な日本外交の柱として掲げた。

一方、難題を抱える国連は、大国間の利害が衝突し、国連憲章で謳われた平和のミッションを遂行することが難しくなっていった。ソ連は頻繁に拒否権を使って国連の決定をブロックした。安保理に出席して拒否権を行使するアンドレイ・グロムイコソ連外務大臣は、「ミスター ニエット」(ニエットは英語のノーを表すロシア語)と呼ばれていた。

その後国際情勢は紆余曲折を辿り、ときには平和的な環境が生まれることもあった。近年米中関係が緊張し、民主主義諸国がその成り行きを注意深く見守っていた間隙を縫うがごとく、ロシアがウクライナ戦争を開始した。ロシアは再び拒否権を頻繁に活用し始めた。世界政府が創立されない限り、国際法を順守するか否かは、最終的には主権を持つ各国に委ねられる。プーチン大統領は、国連憲章違反など、どこ吹く風とばかりに、横暴な振る舞いを続けている。人道的観点から「ガザ紛争」の沈静化を狙う安保理の審議では、アメリカが拒否権を使って決議の採択をブロックしている。安保理は、機能不全の状態だ。拒否権を持つ中国は、陰に陽に、ロシアの行動を是認している。国連にとって由々しい事態だ。

国連はこのように弱い存在ではあるが、さりとてこれに代わり得る国際的な機構があるわけでもない。２０２３年日本は安保理の非常任理事国に選ばれている。日本としても、国連の安全保障機能の再活性化に向けて最大限の努力を重ねていくことが求められる。国連は、日本がグローバルの国際貢献を展開できる貴重な存在だ。日本国民は、国際貢献の在り方について、いろいろな角度から考えていく必要がある。

実際ウクライナ戦争が長引く中で、日本国民の間では、日本の果たすべき国際貢献の在り方について多様な意見が出始めている。もっともウクライナへの直接的な軍事支援を可能にする法整備に直ちに取り掛かるべき、といった極端な議論が起こっているわけではない。主な潮流は、「自由と民主主義や法と秩序の尊重といった基本的な価値観をかざすだけでは十分ではない」、「和平推進のために具体的にイニシアティブを発揮すべきだ」、「バイデン政権の意向にあまり遠慮しない独自外交の推進が必要だ」、「対中関係については、政治経済両面で日本政府から積極的な働きかけを展開すべきだ」、「自由民主主義の旗印を振りかざし過ぎず、中露両国に支援を求めるグローバルサウスと呼ばれる開発途上国に対する信頼感を回復せよ」などの議論だ。

言い換えるならば、国連憲章に代表される法と秩序の尊重に重点を置いただけの外交では、国民は満足しなくなってきている。ウクライナ戦争を巡る岸田外交は、これから正念場を迎えることになろう。

3 日米同盟

重要性の高まり

アメリカとの関係については、ここで詳述することは避けたい。政治、経済、社会、スポーツその他諸々の分野において、日米関係は拡大と深化を続けてきた。これは日本政府がアメリカ政府に常に「イエス」と言っていることを意味するものではない。理念的な意味でも、実際的な面でも、両国政府、両国国民は、共通する基盤を作り上げてきた。日本にとって最も重要な2国間関係は、アメリカとの関係で、このこと自体を認めない日本国民は少ない。

中でも安全保障面では、日本は日米同盟に負うところが多い。隣国にロシア、中国、北朝鮮という権威主義国を抱えている日本としては、万が一の場合に備えて、自らの防衛努力と日米同盟の強化に努めていく必要がある。同時に日本は、これら隣国と対話を通じて友好関係を促進することを強く願っている。日本は伝統的な外交重視の姿勢を変える意思は全く持っていない。

戦争巻き込まれ論

戦争直後からしばらくの間、日本国内では防衛力の保持、米軍への基地提供、日米共同訓練の実施などが日本を戦争に巻き込むおそれがあるとして、非武装中立を提唱する議論が盛んに行われた時期があった。いわゆる「戦争巻き込まれ論」と呼ばれた立場で、いまでは沖縄県内を除いてこの立場を取る人の数は少ない。

外務省現役時代、ある全国紙の新聞論説委員、編集委員、政治部記者たち5〜6人と非公式に意見交換したとき、私は、安全保障問題についての同紙の論調を取り上げ、1950年代に広まった「非武装平和中立主義」と軌を一にする「戦争巻き込まれ論」ではないか、いまの国際社会の現実には合わないのではないか、と挑発的な質問をした。相手側はいろいろと説明をしていたが、記憶に残るような大きな反論は聞けなかった。

沖縄では、普天間飛行場の辺野古移設問題、南西諸島における自衛隊のミサイル防衛システムの構築問題、石垣島等における住民シェルター建設問題、大東島における移動式ミサイル監視施設の配備などを巡り、外部の脅威を惹起するおそれがあるとして、米軍施設、自衛隊の施設の県内建設に反対する運動が盛んに行われている。「戦争に巻き込まれるおそれがある」との議論は、地元メディアでは頻繁に取り上げられる。

確かに、こうした施設の建設や運用は、一旦緩急ある場合、敵方の攻撃目標になりやすい面がある。一方、平時にはこれが戦争抑止として機能することも、見逃すことはできない。政府には、防衛施設の建設、日米同盟の強化などを進めるに当たり、どこに歯止めをかけるつもりがあるのかという住民側の疑問に対して、真摯に答えていくことが求められる。

中国との関係

日本は、長年にわたって政治、経済、社会文化など幅広い分野で中国とのかかわりを持ってきている。日本と異なる政治制度を持っているが、中国は重要な隣国だ。それだけに、ウクライナ戦争勃発後、中国が何かとロシアの肩を持つ外交を展開し、また、台湾海峡周辺で軍事的プレゼンスを活発化させている状況は、無視できない。岸田内閣は、中国の動きを警戒しつつ、2国間政府対話の努力を続けている。こうした政府の姿勢は、国民の支持し得るところだ。

沖縄県内では、かつての琉球王国時代の中国との結びつきを背景に、武力によらず貿易振興と人的交流の促進によって、中国との友好関係の増進を図るべきであるとの見方がかなり強い。地方自治体の立場からすれば、この考え方は間違いではない。歴代沖縄県知事と同様に、玉城デニー知事も中国を訪れ、中国との友好関係増進に努めている。しかし、地方自体と日本政府の立場が常に同じであるとは限らない。事が日本の安全保障政策にかかわることになれば、政府の立場が優先する。

玉城デニー知事は、「地域外交」の推進に力を入れている。「地域外交」の定義には不明確なところが多いが、沖縄県が東アジアの国々との地域交流に力を入れること自体に反対する人は、おそらく数少ないだろう。否、米中、日中のように国家間関係が厳しい折こそ、地方レベルでの人的交流、文化的交流を深める意義は大きいと考える。成功を祈りたい。

沖縄県内では、「台湾有事」に関連し、日本政府が防衛力の増強、日米同盟の強化、先島諸島における自衛隊のプレゼンス強化、有事に際しての住民避難の在り方についての検討などをすること自体が、中国政府を刺激するとして、日本政府に対し、中国との対話促進、外交優先を唱える声が高まっている。この意見は誤っている。備えを怠らず外交努力をしていくことが重要であり、現に政府はこの線に沿って諸政策を進めている。

一方、政府の説明は不十分だ。日本政府としては、国際緊張が沖縄県民にもたらす不安は、全国民共通の不安でもあることに配慮しつつ、中国との対話に地道な努力を重ねていることに対し、もっと説得力のある説明が求められている。

4　プーチン後の国際秩序

ソ連時代の教訓に学ぶ

1945年8月8日、ソ連邦のモロトフ外務大臣は、佐藤尚武駐ソ日本大使の来訪を求め、対日参戦を宣告した。8月15日の日本のポツダム宣言受諾決定のわずか1週間前であり、そのとき日ソ中立条約はまだ有効だった。ソ連は、日ソ中立条約という国際法に違反してまで、対日参戦を急ぎ、旧満州地域、樺太のみならず、千島列島まで占領した。日本の固有の領土である択捉島、国後島、色丹島および歯舞群島のすべてを占領したのは、9月2日の日本と連合国が降伏文書に調印した後の9月5日だった。

1945年9月2日、スターリンは「ソ連国民に対する呼びかけ」を放送し、その中で「1904年の日露戦争でのロシア軍隊の敗北は、国民の意識に重苦しい思い出を残した。この敗北は、わが国に汚点を印した。わが国民は、日本が粉砕され、汚点が一掃される日がくることを信じ、そして待っていた。40年間、われわれ古い世代のものはこの日を待っていた。そして、ここにその日はおとずれた。きょう、日本は敗北を認め、無条件降伏文書に署名した」と述べた。(『われらの北方領土 2015年版』日本外務省)

このスターリンの呼びかけは、正に「復讐主義」の表明だ。これは、スターリン自身がソ連の加盟を後押しした国連憲章の「高らかな理想」とは、明らかに相反するものだ

日ソ両国は、1956年10月19日の共同宣言の署名、同年12月12日の批准によって、両国間の戦争状態に終止符を打ち、国交を回復した。この際平和条約が締結されなかった基本的な理由は、ソ連が日本の北方領土返還を認めなかったことにある。爾来(じらい)、平和条約締結交渉は何度となく行われたが、ロシア時代に入ってからも妥結を見ず、ロシアは北方領土の不法占拠を続けたままである。

ここに至るまでの間、日本側は、日本固有の領土である北方領土に対する基本的立場に反しない範囲で、できる限りの協力を進め、それによってロシア側から歩み寄りの姿勢を引き出そうと

努力してきた。しかし、ロシアは、スターリンの復讐主義路線を変える姿勢を示さなかった。また、近年ロシアは、日本周辺で中国海軍、空軍との共同軍事訓練を強化しつつある。ロシアは日本にとってまことに厄介な隣国だが、同国との緊張関係を放置していいものでもない。

プーチン大統領は、第2次世界大戦の結果がもたらした現実を日本は認めるべきであるとして、固有の領土保全といった「法の支配」よりも、軍事的に獲得した領土の「既成事実化」を主張している。日本としては、これを認めるわけにはいかない。私たちが、ロシアの一方的な侵略を受けているウクライナとその国民を支持するのは、むしろ当然のことだ。問題は、こうした国際法違反を繰り返すロシアをどのようにして和平のテーブルに着かせるかだ。この点については、日本政府も日本国民も知恵を出していく必要がある。

日本政府の進む道

オネスト・ブローカー（honest broker）という英語がある。係争当事者に対して、中立的な立場から平等に接して、調停を図るとの意味である。２０２４年3月、習近平主席のロシア訪問に際し発表された中露共同声明で、〝ウクライナ問題は話し合いによって解決すべきである〟との趣旨が挿入された。4月26日には習近平主席がゼレンスキー大統領と電話会談した。中国がどこまで積極的に仲裁・調停に乗り出してくるかどうかは不明だが、ロシアとウクライナ間で話し合いの機が熟すときを狙って、中国は大きな政治的影響力を行使することを考えている可能性はある。

トルコやインドなども和平仲介の意思を示している。国連事務総長の和平努力と相まって、将来こうした諸々の努力が実を結ぶときが来るかもしれない。それでは日本政府は何をし得るのか。

日本は議会制民主主義を基本とする国であり、G7など基本的な価値観を共にする国々との関係強化に努めてきている。日本政府は、国連憲章その他関連国際法に違反するロシアの暴挙を非難し、対ロシア制裁を強化し、祖国防衛に立ち上がったウクライナ政府と国民に対し、〝非軍事的支援〟を展開している。また、ウクライナの戦後の復旧・復興および将来の発展のための〝中長期的協力〟を明らかにしている。

国民の大半は、日本政府の立場を理解し、2023年3月21日の岸田文雄総理大臣の電撃的なウクライナ訪問およびその際に発出された両国政府の共同声明を支持している。岸田総理は、ウクライナの首都キーウに到着後真っ先にブチャを訪れた。

岸田総理は、ブチャの教会の集団墓地を訪れて献花し、家族を失った人から話を聞いた。教会内に並べられた凄惨な写真を何枚も見た。新聞報道によれば、岸田総理のかねての持論は、「ブチャは被爆地・広島と共通するものがある」とのことだ。また、ブチャ訪問後、総理は「来てよかった。こんなひどいことは許してはいけない」と述べたそうだ。

広島出身の岸田総理は、戦争の残虐性をよく認識していることだろう。一方、「こんなひどいことは許してはいけない」との発言は、今後ロシアとの関係をどのように持っていくことを意味するものだろうか。プーチン大統領と会談して、ロシア軍の残虐な行為を非難するつもりなのだろうか。プーチン大統領の結果責任を問うつもりなのか。国連における数々のロシアの挑戦的な発言の撤回を求めるつもりなのか。ロシア国民に対して平和の尊さを訴えるつもりなのか。不明な点が多い。政治家として、また、日本の総理大臣として、何を目指そうとしているかを明確にしていただきたい。このままでは、民間の平和主義者と同様に、国際政治の現実性に蓋をした理想論であるとのそしりを免れないであろう。

日本はＧ７の重要メンバーだ。同時に、他のＧ７諸国とは異なる憲法上の制約をかかえている。

岸田総理には、この制約の中で、日本としてギリギリどこまでウクライナ支援をしていくかについて国民に語りかけてほしい。総理大臣として、ウクライナ戦争は日本にとって〝対岸の火事〟ではなく日本の防衛力を大幅に増大させる必要がある、台湾有事は日本有事であるなどと言うのであれば、歴代自民党政権のような「議論なし」、「結論先行」の政治は改めていただく必要がある。

また、野党党首にも要望したいことがある。岸田総理と本格的な議論ができるよう知恵を絞っていただきたい。国会議論がどうも国民の心にすとんと落ちてこない。与野党を問わず、日本の政治家には、国民的議論を喚起する必要性を再認識してほしい。

第六章　日本人にとってのウクライナ戦争

1　日本の平和運動

最近の平和運動

私が個人的に体験した東西冷戦時代の平和運動と最近の平和運動との間には、相当大きな違いが認められる。その間に国際情勢は大きく変化した。かつて東西冷戦が厳しくベトナム戦争が深刻な状況に陥った頃、アメリカでは戦争反対デモが激化し、それが他の民主主義国にも波及していった。日本もその例外ではなかった。平和運動家たちも政府の安全保障政策支持派も、それぞれ力を振り絞って議論し行動していた。私は、デモ隊と機動隊の衝突といった暴力的な対立は支持しないが、当時関係者たちが、個人の利害を超え、日本の国家的利益の在り方を巡って甲論乙駁した真剣さとエネルギーは、心底尊敬している。

その後国際情勢は緊張緩和を経て、ソ連が崩壊し、自由と民主主義が世界に拡大することが期待されたが、やがて米中間では対立が深まり、最近ではロシアのウクライナ侵略やハマス軍事組織とイスラエル軍の衝突など、一挙に流動化するようになった。世界各国は難しい経済社会問題を抱え、民主主義国では国内の分裂、権威主義国では中央政権による強権が進み、国際秩序は混迷度を深めている。

そしていつの間にか、日本は国際社会の流動化を離れ、根底に種々の問題を抱えながらもそれを直視せず、〝ゆでガエル〟のように徐々に力を失い始めている。アメリカのように社会が大きく分断することは悲劇だが、動力を失って徐々に沈没していく大きな客船のような状況も悲劇だ。

安全保障問題を巡るいまの日本の平和活動と政府の対応は、端的に言って、〝すれ違い〟の連続だ。政府与党側は〝淡々〟と安保法制を進め、野党側は有効な議論を展開できないままでいる。平和運動家たちは、個別法案の採択を巡ってストライキ活動を行うことはあっても、法案成立後は日常生活に戻る。いままで何も問題なかったような様子だ。ウクライナ戦争やガザ問題への政府の対応ぶりを巡って、国内の議論が沸騰することもない。かつて「左翼平和運動」を支えたエネルギーはどこに行ってしまったのだろうか。

いまの日本の平和運動家たちは、口で政府批判はするものの、自らは将来展望を語らない。例えば、ウクライナ戦争を終わらせるため、日本の平和活動家が他国の平和活動家と連携して、プーチン大統領に和平のテーブルに着くよう訴えるような運動は見えてこない。

ウクライナ戦争で苦しむウクライナの人たちに寄り添い、ボランティア活動による支援の輪を拡大している日本の人たちの活動は尊い。しかし、権威主義国で苦しむ人たちと連携する活動家たちの数は少ない。かつてのベトナム反戦運動のように、日本の平和と世界の平和を同一線上で捉える活動は見えてこない。

議論のススメ

自戒を込めて言うのだが、一般的に日本人は議論をあまり好まない。理性的な議論が上手でなく、すぐに感情的になりやすい。揚げ足取りのような論難は得意だが、対等で建設的な議論を通じて、物事を進めていくことに慣れていない。今後の日本の発展のためにも、こうした欠点を克服していく必要がある。

NHKは長年にわたって大河ドラマを制作してきている。その大多数は、中世や近世における武家の興亡に関する物語だ。ここでも議論を好まない日本人の性格がよく描かれる。織田信長にまつわる物語などはその典型例だ。こうした伝統的な欠点は、問題の大小を問わず、着実に克服していく必要がある。

小さな実例を一つあげよう。2022年の6～7月ごろ、民放テレビ局のあるキャスターが当時のガルージン駐日ロシア大使に面談し、ロシアのウクライナ軍事侵攻についてインタビューした模様を放映した。このキャスターは、事前準備が不足していたためか、ガルージン大使にロシア政府の主張をまくしたてられ、噛み合うやり取りをさせてもらえないままインタビューを終えた。実際に放映された番組の中で、同キャスターは、大使の〝すれ違い答弁〟に不満の意を表明していたが、これは〝ごまめの歯ぎしり〟に過ぎず、すべて後の祭りだった。たまたまこの番組を観ていた私は、大変恥ずかしい気持ちになった。連日テレビに出て、ウクライナ戦争について解説するキャスターの中にも、議論下手がいることを知った。

NHKの番組「日曜討論」が一つの典型だが、せっかく意見の異なる政治家が一堂に会する機会があっても、司会者と政治家たちの間の質疑応答が中心で、各政治家のメッセージは国民の心に届いてこない。民放でも、与野党の政治家たちが出演する番組（特にBS）がある。メインキャスターの采配で、一見活発な議論が行われているように見えても、政治家は一方的あるいは自己弁護的な説明を繰り返す場合が多い。どうも議論がかみ合わない。

かみ合わない議論を放置しておく傾向は、民間人の間でもよく見られる。私が那覇の外務省沖縄事務所に勤務していた間に個人的に感じたことは、沖縄では、政府寄りの人たちと反政府、反基地の人たちとが一堂に会して議論する場がないことだった。例えば普天間飛行場の返還とその代替施設の辺野古への移設・建設問題は、沖縄県民のみならず日本国民全体にとって重要な政治課題だ。それにもかかわらず、沖縄県内で賛否を議論する場が十分に用意されていないことは、奇異に感じる次第だ。

議論の仕方にも、工夫が必要だ。前述したように、日本人は、意見の異なる人の間でかみ合う議論をすることが苦手だ。感情的にならず、しかも相手の主張に対して真正面から議論していくには、相当の訓練が必要だ。時に、権力者から始終痛め付けられている者が、発作的に暴力に訴えてしまう歴史も散見される。織田信長を本能寺で討ち取った明智光秀を巡る逸話、殿中で吉良上野介に刃傷に及んだ浅野内匠頭、「話せばわかる」と言った犬養毅総理大臣に対して、青年将校が「問答無用、撃て」と叫んで殺した1932年の5・15事件などは、その典型的な例だ。日本人全体として、こうした不得手を克服していく必要がある。

戦争の抑止と軍拡、戦争巻き込まれ論と現実的安全保障政策などは、お互いに関連が深く、コインの裏表のような関係にある。バランスの取れた安全保障政策を追求していくことが重要だ。

1922年のワシントン海軍軍縮条約や1930年のロンドン海軍軍縮条約は、一時的な軍縮に成功しただけで、やがて列強間の軍拡につながり、第2次世界大戦の勃発を許してしまった。こうした歴史的教訓を活かすため、戦後国連が発足し、1979年には世界で唯一の多国間軍縮交渉の場として、ジュネーブに軍縮委員会が設立され、1984年に軍縮会議と変更された。

軍縮会議の活動および決定はすべてコンセンサス方式だ。これまで1968年のNPT（核兵器不拡散条約）、1972年の生物兵器禁止条約、1993年の化学兵器禁止条約、1996年のCTBT（包括的核実験禁止条約）などを成立させてきたが、最近ではコンセンサスがなかなか成立せず、新たな国際約束が生まれてこない。

これまで大国間に大規模戦争は勃発しないできているが、その主たる理由は、核兵器保有国が、核兵器の持つ巨大な破壊力の使用をためらっているためだ。しかし、プーチン大統領が戦術核兵器の使用をほのめかすようになり、今後のウクライナ戦争の状況次第では、戦術核が使用され、多数の死傷者が発生し、旧ソ連地域に紛争が拡大するおそれがある。また、ガザ紛争も近隣諸国を巻き込む大規模な戦争に拡大するおそれもある。

おそらく今後は、日本人だけ狭い島国に閉じこもって、平和を謳歌することは、難しくなるだろう。いまこそ戦争と平和の問題について、国民的な議論が必要だ。これを可能にするのは若い人たちのエネルギーだ。大学生諸君にはぜひとも日本の安全保障の在り方、国際貢献の在り方について議論のリード役を果たしてほしい。「学問のススメ」ならぬ「議論のススメ」を訴えたい。

2 ウクライナ避難民の受け入れの拡大

東京にあるＵＮＨＣＲ（国連難民高等弁務官）日本事務所によれば、ウクライナから近隣国への避難民は、約８００万人、ウクライナ国内避難民は約６００万人である。出入国在留管理庁統計によれば、２０２３年3月29日までの日本への避難民は2、３７２人で、欧米各国に比べると非常に少ない。

避難民と難民の日本滞在資格は、相互に大きく異なっている。避難民は日本への一時的滞在者であり、難民は長期滞在資格だ。日本の難民受け入れ人数は、２０２２年5月13日現在74人であり、江戸時代の状況がいまでも続いているようなものだ。それを考えると、短い間に、ウクライナからの避難民受け入れを増やしてきたことは、注目に値する。受け入れた避難民に対するボランティアの支援活動の多様性も注目される。

例えば、この1年半、メディアで報道されたウクライナ避難民支援を拾ってみると、私が覚えているだけで、鎌倉在住の茶道指導者によるウクライナ人の生徒母子の受け入れ、日本在住ウクライナ人によるバンドーラ支援コンサートの実施、ロシア軍侵攻の恐怖を描いた避難家族の子供たちの画展、キーウ・バレー団の訪日支援事業などがある。

23年に亡くった作曲家坂本龍一は世界的に有名な文化人で、作曲活動を通じて平和の尊さを訴え、戦争反対を訴える市民の平和運動に強い共感を表明し、しばしば自ら運動に参加した。坂本龍一氏の絶筆となった２０２３年新潮社発行の『ぼくはあと何回、満月を見るだろう』を読んだ。坂本氏は、ＣＮＮ放送で、ウクライナの若いバイオリニスト、イリヤ・ボンダレンコが、首都キーウの地下シェルターに逃げ込んできた市民たちを前に、ウクライナ伝統民謡を奏でる姿を見て、胸を打たれたと書いている。坂本氏は、アメリカの友人の示唆もあり、バイオリンとピアノのための曲を作曲し、会ったこともないイリヤに楽譜を送った。イリヤは、譜面を見ながら地下シェルターで演奏し、iPhoneで録音した音源を送り返してきた。坂本氏はこれにバックトラックを加え、「Peace for Illia」という曲を完成させた。

２０２３年７月には、日本のギタリストのＳＵＧＩＺＯが、キーウ地下鉄構内で市民を前に演奏を続けるウクライナの人気音楽グループＫＡＺＫＡを日本に招いた。そして共同作曲した「Only Peace & Love」を演奏曲目に入れたウクライナ支援コンサートを行った。

８月27日にライブ配信されたＮＴＶの「24時間テレビ46」では、世界的に活躍する音楽家で慈善活動にも力をいれているＹＯＳＨＩＫＩが、ポーランドに避難している8歳のウクライナ少女（アメリア・アンソビッチ）を日本に招いて、一夜限りの２人のコラボ演奏を行った。アメリアちゃんは、２０２２年２月のウクライナ侵攻で、防空壕に逃れた人たちの前で映画「アナと雪の女王」のテーマ曲「Let it go」を歌って空襲に怯える人たちの心を慰めた。その模様を撮った動画は、世界の多くの人たちを感動させた。今回ＹＯＳＨＩＫＩは、日本に避難してきているウクライナの子供たちによる応援合唱を交えて、アメリアちゃんとこの曲と自ら作詞作曲した「Endress Rain」の２曲を共演した。

これらは、日本人がウクライナの人たちとの連携を深めていることの証しであり、喜ぶべきことだ。遅まきながらも日本は世界の民主主義諸国と共通の価値観を持って行動し始めた、と言うことができる。

一方、日本におけるウクライナ以外の紛争地からの避難民受け入れは、相変わらず極端に少ない。例えば、日本在住のミャンマー関係者の話によれば、日本人はウクライナ人には進んで支援の手を貸すが、本国で政治的虐待を受けているミャンマー人の日本受け入れについては冷淡だとコメントしている。2022年5月27付朝日新聞は、タリバンの支配下に置かれたアフガニスタンからやっとの思いで日本に避難してきたアフガン男性が、日本の受け入れ状況に複雑な気持ちを抱いていることを報じた。

人道上の配慮に欠ける入管当局の対応ぶりについても、メディアで取り上げられている。2023年3月に入館施設に収容されていたスリランカ人女性が病死した件は、その典型例だ。日本の治安維持、外国労働者への労働市場の開放、日本人の差別意識などの課題を総合的に捉え、将来の方向性を明確にしていく必要がある。

3　文化の役割

文化人の悩み

文化は諸刃の剣だ。これまで文化は、世界各国において、国策遂行の先兵としても平和推進の手段としても、広く利用されてきた。第2次世界大戦に参戦した国々は、枢軸国、連合国の如何を問わず、戦意高揚の手段として文化を利用した。世界大戦が終り、国際連合が発足すると、今度は自由民主主義諸国を中心に、文化を平和的な手段として活用していく動きが強まった。その後東西冷戦終了後に生まれた〝ソフトパワー〟の広範な活用の一環として、文化は平和追求の延長線上で捉えられるようになった。ところが、ウクライナ戦争の勃発を契機に、文化が政治に利用される姿が再び浮き上がってきた。

－「民族の祭典」－

ナチス・ドイツは、国威発揚の重要な手段として、文化・スポーツを最大限に活用した。1936年ベルリン・オリンピックに際しては、アドルフ・ヒトラーお気に入りの監督レニ・リーヘルシュタールが記録映画を製作し、1938年日本では「民族の祭典」と呼ばれた作品を発表した。ナチス・ドイツ国民の優秀性を誇示する宣伝色の強いもので、ドキュメンタリーと言うよりも身体美に焦点を当てた創作性の高い映画だった。関係各国用に16種類の編集バージョンがあった。日本版については、戦後になって1982年「民族の祭典総集編・日本公開版」として取りまとめられ、大ヒットした。各国でいろいろ批判が寄せられたが、この作品の芸術性は高かった。

ーショスタコーヴィチ作曲交響曲「レニングラード」ー

ドミートリイ・ショスタコーヴィチは、ソ連時代に活躍した有名な作曲家だ。帝政時代のサンクトペテルブル生まれで、ショスタコーヴィチが作曲した多くの作品は、いまでも世界各国で演奏されている。第2次世界大戦中に作曲された交響曲第7番は「レニングラード」(ソ連時代のサンクトペテルブルクの名称)とも呼ばれた。

1941年9月8日に始まったレニングラード包囲戦は、1944年1月の解放まで、2年5か月間続いた。その間に多くの兵士と市民が砲撃や飢餓で死亡した。交響曲「レニングラード」を作曲中の1941年9月17日、ショスタコーヴィチはラジオ放送で、「レニングラードこそは我が祖国、我が故郷、我が家」と語り、愛国心を吐露した。1942年3月、クイビシャフ初演に際しては、ソ連政府が国家的なイベントとして宣伝した。同年8月のレニングラード初演時には、ドイツ軍がレニングラードに迫っていて、砲声が轟く中で演奏された。

ソ連政府はこの曲を戦意高揚の音楽として世界的に宣伝した。一方、交響曲「レニングラード」は芸術度が高く、独裁者スターリンの政治的な意図を越えて、いまでもロシアの内外で演奏され続けている。

―「無言館」―

2022年、NHKは戦没画学生慰霊美術館「無言館」について、ドキュメンタリー番組を放映した。「無言館」は、作家水上勉の子息窪島誠一郎氏が私財を投じ、長野県上田市に開いた美術館だ。窪島氏は、自らも出征経験を持つ画家の野見山暁治氏(2023年8月に永眠)とともに、戦没画学生の遺族を訪問して全国を回り、遺作を収集した。テレビで紹介された絵画には、それぞれ生前の画学生たちの思いが秘められていて、私は粛然とした気持ちになった。

アジア太平洋戦争中、日本の名高い画家たちは、当局からの要請によって多くの戦争画を描いた。敗戦を経て、これらの画家たちは、戦争協力者として、社会からバッシングを受けた。一方近年になって戦争画が再評価されるようになった。いまの目で見ると、必ずしも戦意高揚の宣伝画ではなく、戦争のリアリズムを描いた優れた作品が混じっている。例えば、藤田嗣治の「アッツ島玉砕」や「サイパン島同胞臣節を全うす」、宮本三郎の「山下、パーシバル両司令官会見図」や「香港ニコルソン附近の激戦」、小磯良平の「娘子関を征く」や「南京中華門の戦蹟」、中村研一の「コタ・バル」、小早川秋聲の「國之楯」、松本竣介の「立てる像」などだ。

－ゲルハルト・リヒターの個展－

2022年6月25日付日本経済新聞は、ドイツの現代美術家ゲルハルト・リヒターの個展開催（於東京国立美術館）を報じた。その中で、ユダヤ人同胞の殺戮に手を貸した「ゾンダーコマンド」の一人によって隠し撮りされたアウシュヴィッツ収容所（注）の写真4枚の上に抽象画を重ねた作品「ビルケナウ」が展示された。リヒターは、1960年代以降、ホロコーストのテーマに何度も取り組もうとしたが、その深刻さ故に断念してきたそうだ。2014年に現在の形で制作されたこの作品を巡って、芸術と戦争の関係について、さまざまな意見が表明されているそうだ。

日経新聞によれば、リヒターの巨大なアブストラクト・ペインクリニック「ビルケナウ」のすぐ隣に、4枚の写真が展示され、残虐なリアルの世界と抽象画の世界が対比されている。日経新聞は、「『見る』行為につきまとう暴力性から、リヒターの抽象画は写真を覆い隠し、守る。そして写真やホロコーストに対する安易な解釈を退け、考え続けることを促す」と書いている。まことにわかりにくいコメントだが、私は、芸術度の高い文化にも二面性があることを伝える個展と理解した。

（注）アウシュヴィッツ強制収容所は、ドイツ語名アウシュヴィッツ第一強制収容所とビルケナウ第二強制収容所からなる。

‐「ざざわ」と戦争音楽‐

戦時中日本では多くの戦争音楽が生まれた。一方、国民が喜んで口ずさんだ歌は、必ずしも戦意高揚の響きで統一されてはいなかった。そもそも演歌の好きな日本社会では、長調よりも短調の音楽が好まれ、軍歌についても例外ではなかった。中でも、「戦友」などは、歌詞からしても戦意高揚とは違っていた。「ラバウル小唄」も物悲しく、「若鷲の歌（予科練の歌）」も悲壮感が漂っていた。武士の切腹にも関係するのか、それらには、死を美的感覚で捉える当時の日本人の特徴が表れているように思われる。

片や「月月火水木金金」や「軍艦マーチ」は、陽気で勇壮で、兵士の行進によくマッチしていた。なお、軍艦マーチは、いまも運動会、商店街のセール、パチンコ屋などで景気づけに広く使われていて、たいそう皮肉な思いがする。

1943年4月18日に行われた山本五十六元帥の国葬で海軍軍楽隊が奏でた葬送曲が、最近になって発見されたそうだ。芸術度が高く、再演奏を求める声もあるようだ。これらを機に、戦争音楽に対する再評価が進む可能性もあろう。

戦争音楽ではないが、沖縄戦の姿を描き、1967年にコンサートで披露された寺島尚彦作詞作曲「さとうきび畑」は、1969年森山良子が歌って以来、反戦・平和を歌う曲として定着している。2022年6月22日付朝日新聞は、「ざわわ 歌われない日まで」と題して、寺島氏の長女でソプラノ歌手の寺島夕紗子へのインタビュー記事を掲載した。「ざわわ、ざわわ、ざわわ」を66回繰り返す父親の作品を28年にわたって歌い続けているそうだ。夕紗子氏は、平和を希求する父親の遺志を継ぐ姿勢を明らかにしている。

―チャイコフスキー国際コンクール―

2023年6月19日から7月1日まで、第17回チャイコフスキー国際コンクールがモスクワ音楽院の大ホールで開催された。同国際コンクールは、1958年以来4年に1度モスクワで開催されてきた。ベルギー開催のエリザベート王妃国際音楽コンクール、ポーランド開催のショパン国際ピアノコンクールと並ぶ世界三大音楽コンクールの一つだった。特にピアノ部門では、日本の音楽家が、1982年の第7回、2002年の第12回、2019年の第16回コンサートで、それぞれ第3位、第1位、第2位を占めるなど、日本でも高く評価されてきた国際音楽コンクールだ。

ところが2022年4月、チャイコフスキー国際コンクールは、ロシア政府の宣伝に利用されているとして、国際音楽コンクール世界連盟から除名された。それでもロシアは当初予定通り、

2023年に第17回コンクールを開催した。日本から数人が参加したが、成績は今一つだった。日本のメディアはこの度のコンクールにあまり関心を示さず、報道も少なかった。今回のチャイコフスキー国際コンクールの組織委員長は、政界的に著名な指揮者ヴァレリー・ゲルギエフだった。同氏は、プーチン大統領の支持者として、民主主義諸国の音楽界からは事実上締め出されている。

コンクールのオープニングで、ロシア連邦政府のタチアーナ・ゴーリコヴァ副首相は、「被友好国の政治エリートたちは、ロシア文化を排除しようとしている」として民主主義諸国の動きを批判し、「音楽に国境はない」と述べた。ロシア軍がウクライナの文化財を狙ってミサイル攻撃を続けていることには目をつむり、音楽に国境がないと述べてみても、説得力に欠けるスピーチだった。

―ソフトパワーと文化―

ウクライナ戦争開始直後、東京・銀座のウクライナ人が経営するロシア食品店「赤の広場 銀座店」に対する嫌がらせが数回続いた。幸い大事には至らずに終わったが、おそらく嫌がらせをした人物は、「赤の広場」のロシア語〝クラスナヤ　プロシシャッチ〟が「美しい広場」を意味し、「赤軍（ソ連軍に対する通称）広場」を意味するものではないことを知らなかったのだろう。

テレビ報道でこの事件を知った私は、インタビューを受けた女性経営者が「私はウクライナ人だが、ロシア人とも仲良くしている。日本の人たちにはこのことを理解してほしい」と答えたことに、同感した。国と国が対立していても、両国の一般の人たちは相互交流を続けるべきだ、両国の持つ文化は尊敬していくべきだ、というのは日本の一般常識だ。

一方ウクライナ戦争が長期化し、ロシア軍による残虐行為が多く報道されるにつれて、ウクライナ国民のロシア国民に対する憎悪の念は深まってきている。「坊主憎けりゃ袈裟まで憎い」の類なのか、両国は相互の文化を拒絶する勢いを示している。戦争の常なのかも知れないが、国家の指導者たちの政治的な思惑は別にして、これまで友人関係を維持してきた両国の一般市民たちの心はいかばかりであろう。このウクライナ人経営者は、いまどのような気持ちを抱いているのだろうか。

ウクライナ戦争は、国際社会に大きな衝撃を与えた。日本を始め世界の多くの国は、自国の防衛の強化に乗り出している反面、近年もてやはされてきたソフトパワーや「人間の安全保障」といった概念は、色褪せ始めている。確かに、ソフトパワーといった非伝統的な安全保障によって、伝統的な軍事重視の安全保障を補完できるものかどうかについては、真剣に再評価する必要がある。少なくとも、対立する国家との関係を改善する方法として、人的交流、文化交流の促進を前面に押し出すことは実情に合わない、とする議論は説得力を増している。

ウクライナ戦争の持つ宗教上の対立についても、キリスト教徒が人口の1％程度に過ぎない日本人にとってはわかりにくいことだ。同じ東方教会に属し、愛と平和についての福音書の教えを信じているロシア正教とウクライナ正教は、なぜそれぞれの国の国威発揚に力を注ぎ、武器を置いて話し合いのテーブルに着くことに消極的なのか、よくわからない。

中国は、「内政不干渉」を主権国間において守られるべき基本原則の一つであると主張している。一方、表現の自由や基本的人権の尊重を他国から批判されないための防波堤として、中国が「内政不干渉」を広く利用していることも事実だ。日本としては、内政不干渉を多用する中国当局の動きを警戒する必要があるが、同時に「平和共存」が、一定の有用性を持っていることも認めざるを得ない。

「和を持って貴しとなす」は、元来中国文化に端を発し、聖徳太子による十七条憲法制定以来、日本社会で定着してきた概念だ。「平和共存」に通じるところがある。実際、日本社会では、伝統的に〝極端さ〟や〝過激性〟を嫌う。〝中庸〟の方が国民性に合っている。多数と少数者の「平和共存」の重要性は、現在の日本においてもっと強調されるべきだ。ソフトパワーと文化について考える場合、「内政不干渉」の適用の度合いについても、研究が必要だ。

－ウクライナによるロシア文化の拒否－

ウクライナは、国を挙げてウクライナ文化の世界発信に力を入れている。世界各地でウクライナ民謡（歌と踊りと楽器演奏）が行われ、避難民による絵画展も開催されている。作家のニコライ・ゴーゴリ、詩人のタラス・シェフチェンコの名前は頻繁に語られている。日本では特に民族楽器バンドゥーラの演奏が広く好まれている。これらはウクライナの「平和攻勢」と言える。

ピョートル・チャイコフスキーは、ウクライナ人の出自を持つ世界的に有名な作曲家だが、ウクライナ戦争勃発後、ロシア的な芸術音楽を目指した作曲家として、ウクライナでは否定的な評価を受けるようになった。日本でも愛好家の多いバレー曲「白鳥の湖」は、いまのウクライナでは、積極的に演目に取り上げられていないようだ。

一方、『戦争は女の顔をしていない』を書いたウクライナ生まれでベラルーシ国籍のノーベル賞作家スヴェトラーナ・アレクシエーヴィチは、ウクライナ戦争を批判していて、ウクライナでも広く受け入れられている。

ロシア軍による砲撃や兵士たちの残虐行為に日々接しているウクライナ人が、ロシア文化を受け入れ難く思っていることについては、私たちも理解できる。ウクライナでの子供たちを巡る状況を報じた映像の中には、ウクライナの子供たちが持つロシア人に対する憎悪の念が赤裸々に描かれているものが幾つもある。第3国で平和に過ごしている私たち日本人にとっては、老若男女を問わず人間性を破壊する戦争の恐ろしさを本当にはわかっていない。

「ベルリンの壁」崩壊によるNATOの東方拡大とプーチンの対応、ロシアとウクライナの相互歴史認識の相違、国境を超える差別意識の持つ危険性、国防力や愛国心を巡る相互認識の相違、核兵器による「恐怖の均衡」と「抑止」の理論との間に存在する〝読み違い〟、独裁政治に対する国民の抵抗する力などが、メディアでしばしば報道される。その関連で、スターリンとプーチンの独裁政治の間の類似点と相違点、長く続いたロシアの農奴制と間欠的に起こる民衆の暴動の歴史的なども取り上げられる。ロシアとウクライナ隣国人同士の感情には、日本人には理解が難しいところが多く、当分の間、両国の文化交流、人的交流は事実上停止したままとなる可能性がある。

しかし、ウクライナのオピニオンリーダーたちが、ロシア人アーティストによる高度芸術作品まで否定するとなると、私は付いていけない。ゼレンスキー大統領としては、ウクライナ文化破壊に無頓着なプーチン大統領のレベルにまで、自らを格下げする必要はないと思う。いろいろな政治的思惑はあったとしても、第2次世界大戦中のアメリカ軍にあったように、敵国の文化財攻撃に対しても一定の抑制を働かせ、世界共通の財産を守ることを世界にアピールした方が良いのではないか。

文化は矛盾の代名詞

前述の若干の例を見ても、文化が矛盾の代名詞であることがよくわかる。前述したように「プーチン論文」は、ロシア、ウクライナ、ベラルーシの「三位一体」を唱えている。ところがロシア軍は、ウクライナ侵略当初から同国の文化財を軍事攻撃の対象としており、特に最近では、ウクライナの古い木造の教会をミサイルで破壊している。もしもモスクワ郊外のウラジーミルとスーズダリの古都群やロシア北西部カレリア共和国・キジ島の木造教会群などがミサイル攻撃で破壊されたならば、ロシア人はどう反応するだろうか。ロシアのウクライナ文化財攻撃は正に犯罪行為であり、また、「プーチン論文」の趣旨にも反している。何とかしてロシア国民には、ウクライナの文化財破壊を繰り返しているプーチン政権の愚を停止させるように自ら働きかけてもらいたい。

年金生活者になった私は、外務省現役時代とは異なって、平和運動に対する評価を改めるようになった。ウクライナ戦争の和平について考える場合、政府と並んで、一般市民の持つ力を無視することはできないと考えている。平和活動家一人ひとりの力は弱いものの、連帯すれば大きな力になる。ひと頃日本では、シビル・ソサエティ（civil society）運動の重要性が強調されたことがある。これは、共通の主義、共通の主張を持った人たちが組織を作って、まとまって行動する運動のことで、「平和運動家」たちがときどき起こす激しい示威運動とは、一線を画していた。

いまどれほど多くの組織が、自らをシビル・ソサエティと定義して活動を展開しているかは承知していない。ロシア国民がプーチン政権に対して和平のテーブルに着くよう自ら働きかけを行う気になってもらうためには、改めてシビル・ソサエティ運動の意義について考え、国際的な連携を深めていくべきだ。。

4 ロシア市民への働きかけ

大江健三郎が遺したメッセージ

２０２３年に亡くなった著名人の中に、ノーベル文学賞受賞作家大江健三郎がいる。大江氏は、古典的な平和主義者の典型とも言える人で、他国に脅威を与える軍事力の保持に反対し、武力の行使による国際紛争の解決に反対した。同氏は、最近の自民党政治に対し非常に批判的だった。

1965年に大江氏は、岩波書店から『ヒロシマノート』を刊行した。その中に、4歳で被爆し、20歳で原爆病院に入院、2年後に亡くなった一人の青年と、青年の病死の翌日自殺した若き婚約者との短い交流を巡る物語がある。『ヒロシマノート』を読んだ私が、最も心を動かされた箇所だ。

直接的な被爆を免れたこの青年は、自分が原爆症を発症することなど予想もしないで青春を過ごしていた。あるとき身体の不調を覚え、原爆病院に入院した。彼を診察した医者は、既に余命数か月しかない白血病重症者と診断した。この青年は、間もなく死が訪れるという厳しい現実から目をそらすことなく、ある企業で働く決意をした。そして再び倒れるまで、健常者と同じように働き続けた。しかし被爆した身体はもろく、再入院を余儀なくされて間もなく亡くなった。

青年が企業で働いていた間に知り合った婚約者は、地味でおとなしく礼儀正しい女性だった。彼女は、生前青年が再入院してお世話になった原爆病院を訪れ、担当医師と看護師に丁重に礼を述べ、その次の日に自殺した。応対した病院関係者は、彼女が自殺することなど全く予想しなかった。

この経緯を重藤文夫（しげとうふみお）原爆病院長から聞いた大江は、女性婚約者が青年との短い人生を「本当に生きようとした」と書いている。また、彼女は短い婚約期間中に青年の死を予測し、後を追う覚悟をしていたのだろうと大江は推測し、これを「絶望的選択の壮絶さ」と表現している。この短いストーリーを読んで、私の心は揺さぶられた。

私は、いま多くのロシア国民に『ヒロシマノート』を読んでもらいたい。そしてこの「絶望的選択」とは何を意味するかについて考え、戦術核兵器の使用をほのめかすプーチン大統領の政策が誤っていることを理解してもらいたいと思う。

前述の坂本龍一作曲の「Peace for Illia」についても、同様の思いを持つ。私は、坂本氏に、虐げられているウクライナ人たちの心を描いたロシア国民向けの〝Peace for the Russians〟を作曲してもらいたかった。どのような曲が出来上がっていただろうか。ぜひロシア人に聴かせたかった。

また、より多くのロシア人に三枝成彰作曲「最後の手紙」を聴いてほしい。作品についての特別な解説は必要あるまい。ロシア人は平和の尊さを深く理解することだろう。

独裁者の平和的な退陣

独裁者が畳の上で死ぬことは容易でない。ロシア帝政時代、何人かのツァーリは残酷な死を迎えた。プーチン大統領は古典的な意味では独裁者でない。一方、権威主義者であり、絶大な権力を持っていることは事実だ。万が一の場合に備え、身の安全確保に細心の注意を払っていると言われている。プーチン大統領は、反戦平和運動の高まりの怖さを警戒して、反戦平和運動家や民主主義者たちの力が結集しないよう手を替え品を替え、民衆の集まりへの統制を強化している。表現の自由を奪われたロシア人たちは、既に100万人以上が国外に脱出してしまった。このため、ロシアに残った人たちは、政府に対して民主的な要請行動をすることさえ、非常に難しくなっている。

70歳になったプーチン大統領がいつまで権力を握り続けることができるかは、誰にもわからない。バイデン大統領はロシアの体制変更を求めることはしないと何度も表明している。これはアメリカの大統領として当然の発言だろう。2024年3月にはロシアで大統領選挙が行われ、11月にはアメリカの大統領選挙が行われる。両国にとって非常に重要な政治的な季節が間もなく到来する。

プーチン大統領は2024年3月の大統領選挙に向けて、着々と準備を進めている。世界のメディアはプーチン再選を予想している。一方、今後、ウクライナ戦争、ロシア経済、自然災害などを巡ってロシア社会を揺るがすような事態が発生する場合には、プーチン大統領が自ら退陣を選択する可能性も十分あり得る。そのときのため、プーチン大統領には〝名誉ある退陣〟の道を用意しておくことが重要だ。

賢い文化の活用

プロローグ「最後の手紙」、第2章「冷戦下のモスクワ大学留学」、第3章「『敵対国』ソ連」で触れた私の個人的な経験から見て、現在のロシア社会には、平和と公正を理解するロシア人たちが残っていると考える。彼らを通じて、ロシア国内で流血を見ることなく、自発的かつ平和裏に政権交代の実現を図っていくべきだ。

ここに世界のシビル・ソサエティが果たすべき役割がある。ロシア、ウクライナ両国の平和にとどまらず、第3次世界大戦を回避した政治家として、後進に道を譲るようにプーチン大統領に促すことができるのは、ロシア国内のシビル・ソサエティ以外になく、また、これを可能にするのは世界とロシアのシビル・ソサエティ同士の連携だ。しかし、口で言うのはやさしく、実行は非常に難しい。

プーチン政権に内政干渉と捉えられないように細心の注意をしつつ、また、ロシア人のナショナリズムを無用に刺激しない方法で、連携を図っていくために「知恵と才覚」が必要だ。ここは、国境を越えて相手国の一般市民に直接働きかける力を有しているアーティストたちに、腰を上げてもらうしかない。

アーティストの持つ力については、本書の各所で取り上げてきた。一方、個々のアーティストの力は、一国の統治者の権力には敵わない。実行可能性のある選択肢は、広い分野のアーティストたちが協力し合い、文化を通じて統治者に平和を訴えることだ。

作家、詩人、華道の教師、画家、音楽家、アニメ製作者などなどが、自らの専門分野で、平和を訴える作品を作り、あるいは、ロシア人と共同で作品を作り、ＳＮＳを使ってロシア社会に届けてほしい。

アーティストの協力の輪が、より広い民間人相互の協力につながることは、ロシア、ウクライナ両政府が交渉の場に座ることを助長するであろうし、また、和平達成後も国家のエゴを越える文化発展に寄与していくことだろう。

エピローグ～あとがきに代えて

ウクライナ戦争が勃発して間もない2022年3月末、私は「わしたショップ銀座」地下の書籍コーナーで、タイトルに惹かれてryuchell著『こんな世の中で生きていくしかないなら』を購入した。著者について事前に何の知識も持ち合わせていなかった。家に帰って本を開いて初めて、同氏がエンターテイメントの世界で活躍しているタレントであることや、ジェンダー問題に苦しんでいることを知った。

ryuchell氏は、自著を通じて自分の「本当の居場所」を探し続け、また、平和を続けていくために自らできることについて問い続けた。その彼が「おわりに」の項で、「諦めること、割り切ること、逃げること、戦わないこと。そして、期待しないこと。」と書いていることに、私は戸惑いを覚えた。2023年7月ryuchell氏は、27歳の若さで自ら命を絶った。同氏が実際に何を考え、何に悩んでいたかは私にはわからない。同氏が「おわりに」で書いたことは、現実と向き合うことへの恐怖だったのか、それとも平家物語の「諸行無常の響き」にも通じる諦観だったのかは不明だが、もっと長生きして、「本当の居場所」を発見してほしかった。

ウクライナ戦争が激しさを増していた頃ryuchell氏の死亡が報じられ、私は、ryuchell氏が遺した「本当の居場所」という言葉を思い出した。戦争が長引く中で、ロシア、ウクライナ両軍の兵士たちはいったい何を思って、戦場で毎日を過ごしているのだろう。恐らくロシア軍兵士は、ネオナチに支配されているウクライナの東部及び南部の住民を解放するというプーチン大統領の説明を信じて、参戦していることだろう。片やウクライナ軍兵士は、ロシア侵略から祖国を防衛するために、率先してゼレンスキー大統領の下で、戦い続けていることだろう。

しかし、ロシアにもウクライナにも、指導者の呼びかけに応じず、海外に脱出した若い人たちがかなりいる。参戦している兵士、海外に逃避した若者たちは、それぞれ自分の「本当の居場所」について何を考えているのだろう。参戦の有無にかかわらず、彼ら、彼女たちは「本当の居場所」は違うところにあることを知っていて、悩んでいるのではないだろうか。

アジア太平洋戦争で日本が敗北してから、78年を超えた。戦争を知らない戦後の日本社会に生きる大学生、Z世代の若い人たちは、ウクライナ戦争やガザ紛争をどのように思うのだろうか。自分たちの生活には関係ないと思うのだろうか。それとも、明日は我が身と思うのだろうか。アジア太平洋戦争に対する私の記憶は限定的なものだが、ウクライナ戦争で多くの兵士や住民たちが命を失っている状況を見て、とても無関心ではいられない。

戦争に直接巻き込まれているといないとにかかわらず、どの国の国民にとっても、「平和な居場所」を見出すことは非常に難しい。「平和な居場所」を失っている人たちに対しては、その回復に手を差し伸べたいと思うのが普通の人たちだろう。モスクワ勤務体験を通じて私が深く思う「戦争と平和の問題」について大学生に語りかけたい。この本が「平和な居場所発見の旅」の一助となることを願っている。

本書は、妻や娘たちの海外生活奮闘記でもある。彼女たちは、時に苦しく、時に楽しい海外生活を私とともに長く送ってくれた。私をささえてくれた「同士」たちに感謝したい。

本書刊行にあたっては、小学校入学以来の親友塩谷隆英君（元経済企画事務次官、元NIRA理事長）、谷津哲郎氏（元時事通信社記者）、田代真人氏（編集者）に大変お世話になった。3氏の助言と協力なしにこの本の上梓は不可能だった。改めて御礼申し上げたい。

2023年12月

橋本宏

1941年東京生まれ、鎌倉育ち。1964年に一橋大学法学部卒業後、外務省入省。在モスクワ、ロンドン、ワシントンなどの日本大使館などの勤務を経て、1998年から駐シンガポール大使、沖縄担当大使、駐オーストリア大使などを歴任し、2004年に退官。その後、伊藤忠商事株式会社顧問、XL保険東京首席駐在員を歴任。(公財)日本ユニセフ協会、(一社)日本シンガポール協会、(公財)日本国際フォーラムの活動にも従事。現在は文筆・講演活動を通じて外交問題に携わっている。故橋本龍太郎総理大臣の従弟。
著者のブログ「https://ameblo.jp/am-1941-ba/」では最新情報を発信中。

元外交官が大学生に教える
ロシアとウクライナ問題
～賢い文化の活用～
発行日:2024年3月10日(初版発行)

著者:橋本宏

発行所:琴詩社

販売:株式会社カナリアコミュニケーションズ

〒242-0031　東京都品川区西五反田 1-17-1

TEL:03-5436-9701　FAX:03-4332-2342

http://www.canaria-book.com/

装丁・DTP:Gad, Inc.

印刷所:株式会社昇寿堂

ISBN978-4-7782-0522-5 C0036